JN014002

事業者必携　　最新

特定商取引法・景品表示法・個人情報保護法 の法律入門

弁護士　　弁護士
森 公任　森元みのり [監修]

三修社

本書に関するお問い合わせについて

　本書の記述の正誤に関するお問い合わせにつきましては、お手数ですが、小社あてに郵便・ファックス・メールでお願いします。大変恐縮ですが、お電話でのお問い合わせはお受けしておりません。内容によっては、お問い合わせをお受けしてから回答をご送付するまでに1週間から2週間程度を要する場合があります。

　なお、本書でとりあげていない事項についてのご質問、個別の案件についてのご相談、監修者紹介の可否については回答をさせていただくことができません。あらかじめご了承ください。

はじめに

　社会には多様なニーズがあり、それに応えるため、商品やサービスが、さまざまな方法により販売されています。ただ、取引が複雑になると、消費者と事業者の間で情報に格差が生まれ、消費者の利益が侵害されることが多くなります。そこで、消費者を保護するため、さまざまな法律が制定されています。

　中でも、消費者契約法、特定商取引法、景品表示法、個人情報保護法は、特に重要な法律であり、よく問題となる法律です。事業者は、社内全体でコンプライアンス（法令遵守）の精神を徹底する体制を構築し、どのような行為が法律違反につながるのか、あらかじめ把握し、周知・徹底しておく必要があります。

　景品表示法とは、販売促進のための景品類の行き過ぎと、消費者に誤認される不当表示を規制するため、制定された法律です。一般消費者の自主的・合理的な商品・サービスの選択を邪魔するような「過大な景品類の提供」と「不当な表示」を行う企業活動を制限・禁止していいます。

　個人情報保護法は、個人情報の有用性に配慮しつつ、個人のプライバシーや権利利益を保護することを目的とする法律です。個人情報を扱う企業には、情報を適切に管理することが求められており、個人の権利を保護しようとする意識はますます高まっています。

　本書は、特定商取引法、消費者契約法、景品表示法、個人情報保護法の基本事項やポイントをわかりやすく解説した入門書です。近年の特定商取引法、消費者契約法、個人情報保護法の改正や、令和５年の景品表示法改正まで、最新の法改正に対応しています。

　本書を通じて、皆様と企業様のお役に立つことができれば幸いです。

監修者　弁護士　森　　公任　　弁護士　森元　みのり

Contents

第5章　景品表示法のしくみ

第 1 章

特定商取引法・景品表示法・個人情報保護法の全体像

1 事業者を規制する法律にはどんなものがあるのか

消費者とのトラブル防止のため特定商取引法などが規定されている

なぜ法律上の規制があるのか

　たとえば、品物を購入すると、店が客に商品を渡すという約束と、客が店に代金を支払うという約束が発生しますが、この約束のことを法律用語で契約といいます。契約内容については、当事者の合意があれば原則として自由に決めることができます。しかし、実際の取引の場面では、売主側と買主側の知識に相当の差がある場合が多いのが実情です。特に消費者と事業者というのは、片方の消費者は契約とはなじみの薄いことが多いのに対し、もう片方の事業者は取引のプロですから、対等とはいえない状況になりがちです。

　そこで、契約に関わる知識量や判断力などの点で、不利な立場になることが多い消費者を保護し、事業者を規制するためのさまざまな法律（ルール）があります。

　以下、本書でとりあげる4つの法律について見ていきましょう。

① 消費者契約法

　消費者の保護や事業者の規制を目的とするさまざまな法律のうち、消費者契約法は中心的な役割を果たしている法律です。

② 特定商取引法

　特定商取引法は消費者と事業者との間で特にトラブルになることが多い取引をする際のルールを定めている法律です。正式には「特定商取引に関する法律」といいます。特定商取引法は、当事者が誰であるかということに加えて、取引の形態に着目し、消費者が不利益を受けそうな取引について不利にならないように規制しているという点に特徴があるといえます。

③　景表法（景品表示法）とは

景表法（景品表示法）は、正式には「不当景品類及び不当表示防止法」といいます。景表法においては、一般消費者の自主的・合理的な商品・サービスの選択を邪魔する「過大な景品類の提供」および「不当な表示」を行う企業活動を制限・禁止しています。

④　個人情報保護法

個人情報保護法は、正式には「個人情報の保護に関する法律」といいます。顧客情報などの個人情報を取り扱う事業者の遵守すべき義務を定めることなどによって、個人の権利利益を保護しようとする法律です。個人情報取扱事業者は、使用目的を具体的に示す義務や、適正に維持管理する義務を負い、違反者には罰則が科せられることがあります。対象となる個人情報取扱事業者は、営利・非営利を問わず、事業のために個人情報を保有・使用している個人、団体、企業、行政機関などです。会社での個人情報保護対策としては、社内外に対して保護対策の内容を明示しなければなりません。

■ 消費者を保護するために事業者を規制するおもな法律 ………

- ■ **消費者契約法**
  一定の場合に契約条項の否定や契約自体の取消しが可能
- ■ **特定商取引法**
  訪問販売や連鎖販売取引（マルチ商法）など、消費者が被害を受けることの多い取引類型についてのルールが整備されている
- ■ **割賦販売法**
  分割払いやクレジットカードなどによる取引における事業者が従うべきルールが整備されている
- ■ **景表法（景品表示法）**
  過度な景品類を提供して商品などを販売することや、品質や価格などについて消費者を誤認させるような不当表示を行うことによって、消費者の自主的・合理的な選択を阻害する行為を禁止している
- ■ **個人情報保護法**
  個人情報を取り扱う事業者に対して、個人情報の適切な管理・活用に関するルールが整備されている

2

消費者契約法とはどんな法律なのか

消費者の立場と権利を守る法律である

消費者契約法はどんな契約が対象になるのか

消費者契約法は、消費者と事業者との間には、情報の質や量、交渉力などの面において絶対的な格差があることを認め、双方で交わす契約（消費者契約）において、消費者の権利や立場を守ることを目的としています。

消費者契約法による保護や救済が必要とされるのは、消費者と事業者との間に情報量や経験、交渉力などといった面で、圧倒的な格差が認められる場合です。

消費者契約法では、その名称からもわかるように、消費者が事業者との間で行う契約が対象となります。消費者契約法では、「消費者」「事業者」「消費者契約」が重要なキーワードとなります。

・消費者

消費者とは、普通の個人（一般人）を指しますが、事業としてまたは事業のために契約当事者になる個人は含まれません。

したがって、公務員や会社員、学生や専業主婦といった立場の個人は、その多くが消費者にあたりますが、公法人、株式会社、公益法人といった法人は、消費者にあたりません。

個人事業主は、契約の状況に応じて、事業者として契約をするときは「消費者」にあたらないものの、それ以外の場合は「消費者」にあたり消費者契約法の保護を受けます。

・事業者

消費者契約法における「事業者」にあたる代表例は法人です。国・都道府県・市区町村といった公法人の他、株式会社、一般法人、公益

法人、宗教法人、NPO法人などの法律に基づき設立される法人が挙げられます。また、法人格を持たないまでも、集団で何らかの継続した事業をしている団体は「事業者」にあたります。さらに、飲食店や販売店、学習塾や家庭教師、弁護士・司法書士事務所などの個人事業主も、事業者として契約するときは「事業者」にあたります。

・消費者契約

消費者と事業者の間で締結される契約を「消費者契約」といいます（消費者契約法2条3項）。ただ、当事者が「消費者」かどうか、あるいは「事業者」かどうかがあいまいな場合も多く、同様の内容の契約であっても、それぞれのケースによって「消費者契約」にあたるかどうかの判断が違ってくることがあります。不当な勧誘により消費者が誤認して結ばれた消費者契約は取消しができますし、消費者を不当に不利に扱うような契約条項は無効とされます。

▎消費者契約法の適用が除外される場合もある

消費者契約法がすべての消費者と事業者の間の契約に適用されるのかというと、そういうわけではありません。たとえば、労働契約には消費者契約法は適用されません。

■ 消費者契約法が必要とされる理由 ・・・・・・・・・・・・・・・・・・・・・・・・

法律で消費者を保護する必要性が高い！
消費者が不当に不利な契約を結ばされてしまうことがないように、消費者契約法は消費者と事業者が契約を行う場合のルールを規定している

3 特定商取引法の全体像を知っておこう

特定の取引について消費者をトラブルから守っている

■ 特定商取引法とは

　特定商取引法は、消費者と事業者との間で特にトラブルになることが多い取引を特定商取引としてとりあげ、その取引をする際のルールを定めています。全体としては、特定商取引が行われる際に、消費者が不当な契約が結ばれないようにするため、事業者を規制することを目的としています。

　特定商取引法が定める特定商取引とは、①訪問販売、②通信販売、③電話勧誘販売、④連鎖販売取引、⑤特定継続的役務提供、⑥業務提供誘引販売取引、⑦訪問購入の７種類です。

　また、未購入の商品が突然を送り付けられた場合（ネガティブオプション）の取扱いについてもルールを定めています。

① 訪問販売

　訪問販売とは、事業者の営業所等（営業所、代理店、展示会場などの施設）以外の場所で行われる取引のことです。消費者の自宅への押売りが代表例です。その他にも、路上で消費者に声をかけて事業者の営業所等に誘い込んでから、商品の販売などを行うキャッチセールスといった販売方法も、訪問販売に含めて規制しています。

② 通信販売

　通信販売とは、事業者がカタログ、新聞、雑誌、インターネットなどで消費者に向けて広告を出し、消費者から郵便、電話、インターネットなどの通信手段により申込みを受ける取引のことです。

③ 電話勧誘販売

　電話勧誘販売とは、事業者が電話で勧誘し、消費者からの申込みを

受ける取引のことです。勧誘の電話中に申し込む場合だけでなく、勧誘の電話をいったん切った後で、消費者が郵便や電話などで申込みを行う場合も電話勧誘販売に含まれます。

④　連鎖販売取引

　連鎖販売取引とは、事業者が消費者を組織の販売員（会員）として勧誘し、その販売員にさらに次の販売員を勧誘させる方法で、販売組織を連鎖的に拡大して行う販売方法です。マルチ商法と呼ばれることもあります。「組織の一員として活動すれば一定の見返りが得られる」という形で販売員を勧誘し、これに応じて販売員となる者に商品を購入させたり、入会金やリクルート料といった名目の金銭的負担を負わせることが特徴です。

⑤　特定継続的役務提供

　長期・継続的なサービスの提供の対価として、高額の金銭の支払いを求める取引のことです。語学教室・学習塾に通学する契約や、エステティックサロンに通う契約が代表例です。

⑥　業務提供誘引販売取引

　事業者が「依頼した仕事をしてくれれば収入を得ることができる」

■ 特定商取引法の規制対象 ･････････････････････････････････････

特定商取引
1 訪問販売
2 通信販売
3 電話勧誘販売
4 連鎖販売取引
5 特定継続的役務提供
6 業務提供誘引販売取引
7 訪問購入

※特定商取引ではないが、購入していない商品が突然送りつけられた場合（ネガティブオプション）の取扱いについてもルールを規定している

といった口実で消費者を勧誘し、仕事に必要であるとして、商品など
を販売する取引のことです。

⑦　訪問購入

　物品の購入業者が営業所等以外の場所において行う物品の購入取引
のことです。自宅を訪れた業者による貴金属やアクセサリーなどの強
引な買取りを防ぐために規制が置かれています。

▌特定商取引法の規制

　特定商取引法は、特定商取引に該当する7種類の取引ごとに分けて、
必要なルールを定めるという構造をとっています。多くの特定商取引
に共通するルールは、①氏名等の明示の義務付け、②広告規制（必要
的記載事項・誇大広告等の禁止など）、③契約締結時の書面交付義務、
④不当な勧誘行為の禁止、⑤クーリング・オフ制度、⑥中途解約権の
保障などです。

　特に重要なルールが、通信販売を除く特定商取引に認められている
クーリング・オフ制度です。事業者は消費者に対しクーリング・オフ
という権利があることを書面で伝え、消費者のクーリング・オフを不
当に妨害することを避けなければなりません。

▌悪質商法が行われるのを防ぐ

　残念なことに、最初から顧客をだまして金を稼ごうとする悪質なビ
ジネス（悪質商法）が問題になることがあります。

　キャッチセールス、催眠商法、送り付け商法（押付け販売）、内職
商法といった商法が代表例です。

　キャッチセールスや催眠商法については「訪問販売」、送り付け商
法については「売買契約に基づかないで送付された商品」（ネガティ
ブオプション）、内職商法については「業務提供誘引販売取引」とい
う形で、特定商取引法によって規制されています。

特定商取引法の規制対象となるおもな取引は下図のとおりですので、あらかじめ確認しておくとよいでしょう。

■ 特定商取引法で規制される内容 ………………………………………

取引	規制されるおもな商法	クーリング・オフできる期間
訪問販売	・押売り（自宅に突然訪問してきて商品を販売する商法） ・キャッチセールス（駅前・街頭といった場所で販売目的を隠して勧誘する商法） ・アポイントメントセールス（販売目的を隠してメール・手紙などで誘い出す商法） ・催眠商法（会場に誘い出した客を話術や雰囲気で高揚させ、商品の販売を行う商法）	8日
電話勧誘販売	・資格商法（家庭や職場に電話をかけて資格取得の勧誘を行い、電話中に契約を結ばせたり、申込書を郵送させたりする商法）	
特定継続的役務提供	・無料体験商法（無料体験を誘い文句に客を誘い出し、エステや英会話教室、学習塾といったサービスの受講契約を結ばせる商法）	
訪問購入	・押し買い（自宅を訪れた業者に貴金属やアクセサリーなどを安値で強引に買い取られてしまう商法）	
連鎖販売取引	・マルチ商法・マルチまがい商法（商品等を購入して入会し、新たに入会者を紹介すると手数料が入るシステムで組織を拡大させる商法）	20日
業務提供誘引販売取引	・内職商法（新聞の広告やダイレクトメール、自宅への電話などで勧誘して高額な道具を購入させるが、仕事はまったく紹介しないという商法） ・モニター商法（収入が得られる仕事を提供するが、その仕事に使うことを理由に商品を販売する商法）	
通信販売	・カタログやインターネットといった非対面の手段を利用して広告することで、販売業者と契約させる商法	クーリング・オフ制度がない
ネガティブオプション	・送り付け商法（注文していない商品を一方的に送り付け、後から代金を請求する商法）	

4 景品表示法の全体像をおさえておこう

消費者のために過大景品と不当表示を規制する

なぜ制定されたのか

　景品表示法（景表法）は、販売促進のための景品類の行き過ぎと、消費者に誤認される不当表示を規制するために、1962年に制定された法律です。

　その後も、複数の事業者が食品表示等に関する大規模な偽装を行うなどの事例が相次いだこともあり、景品表示法は、特に行政の監視指導体制の強化や、不当な表示等を防止するために事業者が取り組むべき表示管理体制の徹底をめざして、法改正を通じて見直しが随時行われています。

どんな行為を規制しているのか

　景品表示法は、その目的を、「取引に関連する不当な景品類及び表示による顧客の誘引を防止」するため、「一般消費者による自主的かつ合理的な選択を阻害するおそれのある行為の制限および禁止」をすることにより、「一般消費者の利益を保護すること」としています。

　つまり、一般消費者の自主的・合理的な商品・サービスの選択を邪魔するような「過大な景品類の提供」と「不当な表示」を行う企業活動を制限・禁止するものです。

　後述しますが、「過大な景品類の提供」（過大景品）については、必要があれば、景品類の価額の最高額・総額、種類・提供の方法など景品類の提供に関する事項を制限し、または景品類の提供を禁止することができる、としています。一方、「不当な表示」（不当表示）については、商品・サービスの品質などの内容について、一般消費者に対し、

実際のものよりも著しく優良であると表示すること、または事実に反して競争事業者のものよりも著しく優良であると表示することを「優良誤認表示」として禁止しています。また、価格などの取引条件に関して、実際のものよりも著しく有利であると一般消費者に誤認される表示、または競争事業者のものよりも著しく有利であると一般消費者に誤認される表示については「有利誤認表示」として禁止しています。

▌運用状況はどうなっているのか

　景表法の目的は、一般消費者の利益を保護することにあります。そのため、以前は景品表示法の管轄が公正取引委員会でしたが、消費者の視点から政策全般を監視する「消費者庁」が平成21年9月に発足したことに伴い、消費者庁（表示対策課）に景品表示法の管轄が移されました。また、県域レベルの事案に対応するような場合には、各都道府県が窓口となる場合もあります。消費者庁は、景品表示法違反の疑いのある事件について、調査を行い、違反する事実があれば、「措置命令」を行っています。措置命令は、「過大な景品類の提供」や「不当な表示」を行った事業者に対して、その行為を差し止めるなど必要な措置を命ずることができるという命令で、消費者庁のホームページなどで事業者の名前、違反の内容などが公表されます。

■ 景品表示法のイメージ ……………………………………

独占禁止法

「過大な景品類の提供」
「不当な表示」に対する規制

独占禁止法の規制だけでは不十分
↓
景品表示法で補完
↓
「過大な景品類の提供」と「不当な表示」を
行う企業活動を制限・禁止して、消費者の
利益を守るのが景品表示法！

個人情報保護法の全体像を
おさえておこう

個人情報保護制度については個人情報保護委員会が統一的に監督をしている

個人情報保護法とは

　個人情報保護法（正式名称は「個人情報の保護に関する法律」といいます）は、個人情報の有用性に配慮しつつ、個人のプライバシーや権利利益を保護することを目的とする法律です。

　従来、個人情報の保護に関する法律として、①民間事業者を対象とする個人情報保護法、②国の行政機関を対象とする行政機関個人情報保護法、③独立行政法人を対象とする独立行政法人個人情報保護法がありました。これに加えて、地方公共団体（都道府県・市区町村）は、それぞれで個人情報保護条例を設けていました。

　個人情報保護制度は、単に個人情報の流出などから個人の権利利益を保護するだけでなく、新産業の創出や経済の活性化などのために個人情報を利活用することも考慮しています。現在では社会全体のデジタル化（デジタル社会）に対応した個人情報保護とデータ流通の両立が要請されます。しかし、団体ごとの個人情報保護制度が異なれば、特にデータ流通で支障が生じてしまいます。そこで、定義の一元化や個人情報の取扱い等に関する規定の共通化のために、令和4年4月1日施行の改正個人情報保護法は、上記の①〜③の法律を「個人情報保護法」に一本化し、さらに令和5年4月1日施行の改正法によって、地方公共団体も「個人情報保護法」の適用対象としました。

　また、個人情報保護法では、個人情報の取扱いなどについて、事業分野ごとに各省庁がガイドラインを策定して監督するのではなく、個人情報保護委員会がすべての事業分野に関する個人情報の取扱いなどを監督するしくみを採用しています。

どんな情報が「個人情報」に該当するのか

　個人情報保護法における「個人情報」とは、生存する個人に関する情報であって、①その情報に含まれる氏名、生年月日その他の記述等によって特定の個人を識別できるもの（他の情報と容易に照合することができ、それによって特定の個人を識別できるものを含む）、または、②個人識別符号が含まれるもののことをいいます。

　たとえば、年齢や性別などのだけでは特定の個人を識別することはできませんが、氏名や生年月日、住所、勤務先などの情報が加わることで、①に該当するため、「個人情報」となります。

　②の「個人識別符号」とは、ⓐ特定の個人の身体の一部の特徴をデジタル化した生体認識情報、またはⓑ個人に提供されるサービスの利用や個人に販売される商品の購入に関して割り当てられ、または個人に発行されるカードその他の書類に記載・記録さえた文字・番号・記号などの符号であって、特定の個人を識別できるものをいいます。たとえば、ⓐの例としては、顔認証データ、虹彩、声紋、歩行の際の姿勢・両腕の動作・歩幅などの歩行の態様、指紋・掌紋などのデータが該当します。

　個人情報法ガイドラインでは、個人情報に該当するものの例として、①本人の氏名、②生年月日、連絡先（住所・居所・電話番号・メールアドレス）、会社における職位、所属に関する情報について、それら

■「個人情報」の定義 ……………………………………………………

┌─────────────── 個 人 情 報 ───────────────┐

①生存する個人に関する情報で、当該情報に含まれる氏名、生年月日その他の記述等によって特定の個人を識別できるもの（他の情報と容易に照合できて特定の個人を識別できるものを含む）

②生存する個人に関する情報で、個人識別符号が含まれるもの
（①②の中で、人種・信条・社会的身分・病歴・前科・犯罪被害歴など、本人に対する不当な差別・偏見などの不利益が生じないようにその取扱いに特に配慮を要するものを「要配慮個人情報」という）

└──────────────────────────────────────┘

と本人の氏名を組み合わせた情報、③防犯カメラに記録された情報等本人が判別できる映像情報、④本人の氏名が含まれる等の理由によって、特定の個人を識別できる音声録音情報、⑤特定の個人を識別できるメールアドレス、⑥官報、電話帳、職員録、法定開示書類（有価証券報告書等）、新聞、ホームページ、SNS（ソーシャル・ネットワーク・サービス）等で公にされている特定の個人を識別できる情報などが挙げられています。

　また、死者に関する情報は、原則として個人情報には該当しませんが、その死者に関する情報が、同時に、遺族等の生存する個人に関する情報でもある場合には、当該生存する個人に関する情報に該当するため、個人情報に該当することになります。

■「個人情報」の内容 ……………………………………………………

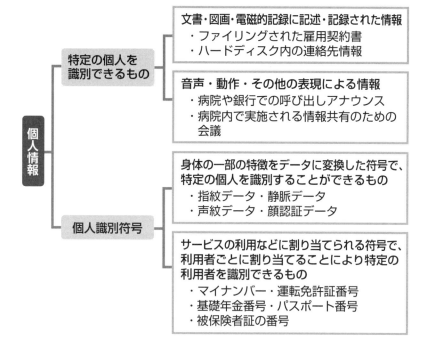

第 2 章

訪問販売の法律知識

1 訪問販売について知っておこう

原則として全商品が規制の対象になる

訪問販売とは

　訪問販売とは、「営業所、代理店その他の主務省令で定める場所以外の場所」で行われる取引と、「特定顧客との取引」のことを意味します。簡単に言うと、店舗以外の場所での販売であり、その一例として自宅への訪問、いわゆる押し売りがあります。販売員がいきなり押しかけてきて、自宅の玄関に居座るようなことがあれば、心理的に消費者を圧迫してしまいます。

　また、消費者が冷静に考えることもできず、本当は買うつもりがないのに買ってしまうことがあるかもしれません。さらに、実際に買ってしまった商品について、後になってトラブルが生じても販売者と連絡がつかないことも生じかねません。無店舗なのをよいことに、売り逃げをする場合も考えられます。このように、訪問販売は、常設の店舗での販売と比べると信頼ができない面もあるので、店舗販売とは異なる特別の規制を置いているのです。

購入者と事業者が当事者となる

　特定商取引法によると、訪問販売の当事者は「販売業者または役務提供事業者」と「購入者等」です。

　販売業者は商品を売る者、役務提供事業者は商品を売るのではなく役務（サービス）を提供する者です。役務（サービス）とは、たとえば、エステサービス、庭石の据え付けなどです。それらの販売や提供を業として営む（営利の意思をもって反復継続して取引を行う）者をまとめて「販売業者または役務提供事業者」と表現しています。

一方、「購入者等」は、商品の購入したり、役務の提供を受けたりする消費者のことを指します。

訪問販売にあたらない場合

当事者が物を購入した取引が訪問販売にあたる場合、クーリング・オフの規定が適用されますし、不当な勧誘行為が行われていた場合には、特定商取引法で認められている契約の取消権を行使することができます。一方、その取引が訪問販売にあたらなければ、このような権利を行使することはできません。

そして、訪問販売が、「営業所、代理店その他の主務省令で定める場所以外の場所」で行われる取引のことを意味するということは、逆に言えば営業所や代理店などでの販売は、訪問販売にはあたらないということになります。ここでいう営業所とは、営業の行われる場所です。洋服販売であれば、洋服を陳列して売っている店舗が営業所です。エステなどであれば、エステサービスを行う場所が営業所です。

一方、代理店とは、「代理商」の営業所のことを指します。代理商とは、他の商人のために、継続・反復して取引の代理・媒介（仲介）をする者のことです。

1回だけ単発で行っただけというように、継続性・反復性がない場合には代理商にはあたりません。また、「その他の主務省令で定める

■ 訪問販売とは

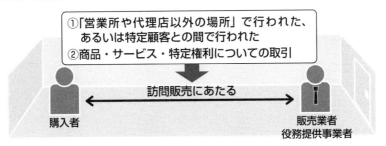

①「営業所や代理店以外の場所」で行われた、あるいは特定顧客との間で行われた
②商品・サービス・特定権利についての取引

訪問販売にあたる

購入者

販売業者
役務提供事業者

場所」というのは、たとえば露店や屋台などのことです。

　なお、①最低2、3日以上の期間にわたって、②商品を陳列し、消費者が自由に商品を選択できる状態の下で、③展示場等販売のための固定的施設を備えている場所（展示会場などの施設）で販売を行う場合も、店舗での販売と同様に扱われます。つまり、通常は店舗と考えられないホテルや体育館で行われる販売であっても、上記①～③の要件を満たすのであれば、店舗での販売と扱われるので、訪問販売とはなりません。逆に、数時間で終わる展示販売などは、店舗での販売とはならず、訪問販売とされるので、特定商取引法の規制を受けます。

▌突然誘われて誘導される取引も訪問販売となる

　訪問販売のもう一つの類型として「特定顧客との取引」があります。これはわかりやすくいうと、販売目的を隠して近づいて来て、別の場所へ案内して取引させるタイプの契約です。

　訪問販売というと、自宅への訪問だけを想像してしまいがちですが、特定商取引法が予定する訪問販売はそれだけに限られないことは知っておくとよいでしょう。キャッチセールスやアポイントメントセールスも、特定商取引法上の訪問販売に含まれます。もっとも、これらが訪問販売にあたるかどうかについてはすぐに判断できない部分もあるため、特定商取引法が適用されるかどうかのトラブルが生じることもあります。

■ 訪問販売の類型 ···

自宅など、通常販売を行わない場所での販売 　例：自宅への押し売り
道路で声をかける、電話で呼び出すといった方法で営業所に呼び込んで行う販売 　例：キャッチセールス、アポイントメントセールス

どちらも「訪問販売」として規制される！

2 キャッチセールス・アポイントメントセールスとは

キャッチセールスとアポイントメントセールスも特定商取引法の規制を受ける

どんな場合なのか

　ある日街中で突然「今なら無料でエステを受けることができます、ぜひ店内にどうぞ」とか、電話で「弊社の海外旅行優待にあなたが選ばれました、ぜひ会社にお越しください」などの勧誘を受けたことはないでしょうか。このように、事業者が営業所等以外の場所で消費者を勧誘し、営業所等に誘い込んだ上で、最終的に契約の締結を求めるような行為を、キャッチセールスもしくはアポイントメントセールスと呼びます。特にアポイントメントセールスは、販売目的を隠して電話などで営業所等に誘い込む行為のことを指すのが特徴です。

　キャッチセールスやアポイントメントセールスは、「契約行為自体は消費者の自宅ではなく営業所等で行われる」という点で、訪問販売とはいえないようにも思えるのですが、現在の特定商取引法の規定では両方とも「訪問販売」として扱われます。そのため、たとえば、キャッチセールスに引っかかってしまったが後で解約したいと考えた場合、特定商取引法のクーリング・オフを利用することができます。

　同様に、催眠商法（消費者を会場に呼び込み、巧みな話術や景品の配布といった方法で消費者を興奮させて冷静な判断を失わせて高価な商品を購入させる商法）や、ホームパーティー商法（パーティーに招待し、心理的に断り辛い状況を作り上げて参加者に高価な商品を購入させる商法）といった販売形態も、原則的には特定商取引法上の「訪問販売」に該当します。そのため、クーリング・オフをすることが可能です。

法的にはどんな規制があるのか

　詐欺まがいのキャッチセールスやアポイントメントセールスであれば、民法が規定する詐欺（96条）または錯誤（95条）を主張して契約を取り消すことが可能です。ただ、詐欺を主張するには相手方の内心（だまそうとする意思）の立証が必要であるため、消費者側が立証するのは難しいといえます。

　そこで、消費者契約法や特定商取引法では、たとえば、重要事項について事実と異なることを告げた場合（不実の告知）などに、契約を取り消すことを認めています。この取消権は外面的な事実を立証すればよく、内心の立証を要しないので、民法よりも消費者にとって行使しやすくなっています。ただ、特定商取引法・消費者契約法・民法のどの規定で対応していくのがよいかは、個別具体的に判断することになるでしょう。

■ 営業所等での契約でもクーリング・オフができる場合 ………

原則 営業所等で契約した場合、クーリング・オフできない

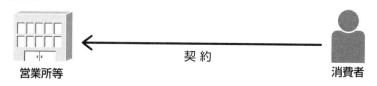

契約
営業所等　　　　　　　　　　　　　　　　　　消費者

例外 営業所等に連れていかれた場合、クーリング・オフができる
（ex. キャッチセールス、アポイントメントセールス）

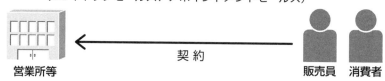

契約
営業所等　　　　　　　　　　　　　　　　販売員　消費者

3

訪問販売の対象となる商品・サービス・権利とは

原則としてすべての商品・サービスが規制されるが、権利については特定権利に限定される

対象となる商品やサービスとは

　消費者がどのようなものを購入したとしても、訪問販売と認められるのでしょうか。かつては訪問販売、後述する通信販売、電話勧誘販売の対象となる商品、役務（サービス）、権利は政令で指定したものに限られていました（指定制度）。

　しかし、消費者としては、何が政令で指定されているかを把握しているわけではないので、指定制度のために消費者が保護されにくくなっていることが問題視されていました。

　そこで、現在では指定商品・指定役務の制度は廃止され、原則としてすべての商品・サービスが、特定商取引法上の訪問販売・通信販売・電話勧誘販売の適用対象とされています。

特定権利とは

　権利についても、指定制度は廃止され、範囲が広げられた「特定権利」が適用対象とされています。特定権利とは、特定商取引法の適用を受ける権利のことです。具体的には、次ページ図の①～③に該当する権利を指します。権利の販売というとイメージが湧かないかもしれませんが、生活が豊かになり、物品だけではなく権利も買おうという意識が高まり権利の取引が増えていますが、それに伴いトラブルも増えているため、規制対象を広げることにしました。

　特に指定制度の下での指定権利に含まれていなかった社債や株式など（次ページ図の②③）が、特定権利に含まれているのが特徴的です。また、次ページ図の①に該当する権利は政令で定められていま

す。具体的には、保養のための施設またはスポーツ施設を利用する権利（ゴルフ会員権、リゾートクラブ会員権、スポーツクラブ会員権など）、映画、演劇、音楽、スポーツ、写真または絵画、彫刻などの美術工芸品を鑑賞・観覧する権利（映画チケット、スポーツ観覧チケットなど）、語学の教授を受ける権利（英会話サロン利用権など）が挙げられています。

▌特定商取引法の規定が適用されない訪問販売もある

　特定商取引法の訪問販売の対象は、原則としてすべての商品・サービスと特定権利です。よって、訪問販売で購入したものが商品やサービスであれば、たいていは特定商取引法の保護を受けることができる取引ということになります。

　ただし、購入者が営業として行う取引や組織内部の取引など、特定商取引法による規制にはなじまない取引（82ページ）については、特定商取引法の規制が及びません。また、使用や一部の消費によって価額が著しく減少するおそれがあるとして政令で定められた消耗品を使用・消費した場合や、直ちに代金を支払う現金取引で購入した商品の金額が3000円未満の取引は、クーリング・オフの対象外とされています。

■ 特定商取引法の規制対象となる特定権利 ………………………

①	施設を利用しまたは役務の提供を受ける権利のうち、国民の日常生活に係る取引において販売されるものであって政令で定めるもの
②	社債その他の金銭債権
③	ⓐ株式会社の株式 ⓑ合同会社、合名会社、合資会社の社員の持分、その他の社団法人の社員権 ⓒ外国法人の社員権でⓐⓑ記載の権利の性質を有するもの

4 訪問販売を行う事業者の負う義務について知っておこう

氏名等を明示し、必要事項を告知しなければならない

■ 事業者の義務とは

　訪問販売は店舗販売と比べて消費者がトラブルに巻き込まれる可能性が高いので、特定商取引法では、訪問販売をする際には、事業者に以下のような義務を課しています。

① 　事業者名、氏名、商品等の種類、勧誘目的（目的が契約締結についての勧誘であること）を明示する義務

② 　取引内容などの一定の事項を記載した書面を交付する義務

　つまり、消費者が「誰と話しているのか、何を話しているのか、何をいくらで取引しようとしているのか」といった点をはっきりと認識できるように、事業者に①・②の義務を課しているのです。

　たとえば、本当は水道局関係者ではないセールスマンが、水道局関係者であるかのように装ったために、消費者が浄水器を取り付ける契約を結んでしまったとします。これは、水道局という公的なイメージを消費者が信用したために生じたトラブルです。このような被害を防ぐためにも、事業者名や氏名を名乗ることが義務付けられているのです。

　また、このような義務を課さないと、最後まで勧誘目的を告げずにセールストークを続け、消費者が取引だと認識しないまま取引が成立してしまうという事態も生じ得ます。

　一般的に消費者は、事業者よりも取引についての知識がなく、同等の立場にはないのが通常です。これらの事情を踏まえ、消費者を保護するために、勧誘目的や商品の種類などの明示の他、書面の交付などを義務付けているのです。

氏名等の明示義務とは

訪問販売は、消費者が店舗に出かけていって物を買うのとは違い、「誰と取引をしているのか」という点が曖昧になりがちです。訪問販売では、訪問者はまず一番に、「私は○○です」と明確に伝えなければなりません。個人事業主であれば氏名または商号を、法人であれば会社名などを明示します。これは、販売・勧誘をはじめる前に伝える必要があります。身分証明書をつけている販売員もいますが、必ずしも書面での証明は必要ありません。なお、会社名などについては、通称や略称などでは名称を明らかにしたことになりません。商号として登記されているものを名乗ることが必要とされています。明確に名乗ってから「今日は化粧品の販売に来ました」というように、勧誘目的をはっきりと消費者に伝えなければなりません。

一般的には、訪問販売員はインターホン越しに氏名・勧誘目的などを告げることになりますが、正当な方法で取引を求めても消費者の方が警戒することが多く、きちんと氏名や目的を伝えないままにセールストークを進めている場合もありますが、これは氏名等の明示義務を遵守しているとはいえません。

■ 訪問販売に対する規制 ···

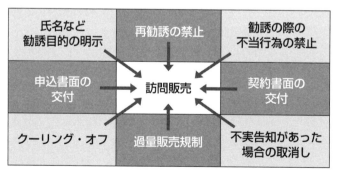

5 訪問販売を行う事業者は書面を交付する義務がある

申込書面と契約書面の区別とそれらの交付義務をおさえておく

なぜ書面を交付する必要があるのか

　事業者（販売業者または役務提供事業者）は、訪問販売をする際、消費者に対し、販売する商品の名称・種類・数量の他、商品の販売価格・支払方法・引渡時期や、クーリング・オフ等を記載した書面を交付しなければなりません。これを書面の交付義務といいます。特に大切なのはクーリング・オフという申込みを撤回することができる権利、あるいは契約を解除することができる権利があることを書面によって消費者に告知することです。

　事業者の中には、取引条件の具体的な内容や、商品に対する十分な知識を持っていない消費者を狙う悪質な業者が数多く存在します。そのため、クーリング・オフなどの取引条件があいまいになってしまうと「不良品を買わされたのに返品できない」「口頭で説明された契約内容と違っていた」などのトラブルにつながりかねません。書面の交付義務は、こうしたトラブルが発生しないようにすることを第一の目的としています。

　書面を作成する際には、一定の大きさ以上の文字・数字を使用し、書面には、赤枠の中に「書面内容をよく読むべきこと」と赤字で記載しなければなりません。

申込書面と契約書面の2種類がある

　訪問販売にあたって、事業者が消費者に交付しなければならない書面には、①申込書面と②契約書面があります。①申込書面は、訪問販売業者が消費者からの申込みを受けたときに直ちに交付する書面です。

②契約書面は、契約が成立したときに遅滞なく交付する書面です。

　契約書面の他に申込書面の交付が要求されているのは、申込み後の契約段階で取引の内容が変わってしまうと、トラブルの原因となりかねないためです。そのため、申込み後すぐに契約を締結しない場合、事業者は申込書面を交付しなければならないのです。

現金取引の場合は記載事項が異なる

　現金取引とは、商品の受け渡しと同時にその代金の授受を行う取引のことです。訪問販売はクレジット契約が多いのですが、現金取引の場合もあります。

　訪問販売で現金取引をする場合にも、契約書面の交付が必要です。契約締結と同時に商品の引渡し、代金の全額を支払う取引などについても、契約書面を交付しなければなりません。

　書面に記載される事項は、事業者の名称、代表者と販売担当者の氏名、商品名、商品の数量、商品の形式、クーリング・オフに関する事項、特約に関する事項などです。現金取引であるため、クレジット契約の時に記載される「代金の支払時期」「商品の引渡時期」といった項目の記載は不要となります。

書面はいつまでに交付するのか

　申込書面は「直ちに」、契約書面は「遅滞なく」消費者に交付されなければなりません。したがって、消費者としては、申込書面であれば申し込んだその場で、契約書面であれば通常３～４日以内に書面を受け取ることになります。したがって、事業者の「いったん本社に戻ってから、改めて申込書面を交付させていただきます」という対応は特定商取引法に違反する行為ですが、こういった行動をとる事業者が後を絶ちません。特に、あらかじめ申込書に消費者のサインを記入させておき、内容の詳細は営業所等に持ち帰ってで記入するという事

業者が多いようです。このような手段を用いる意図は、契約内容と実際の商品が違うことを理由にクーリング・オフされるのを防ぐことにあるわけですが、かえって消費者に警戒心をもたせることになります。

　特定商取引法による訪問販売のクーリング・オフの行使期間は、契約書面を受領した日（起算日）から受領日も含めて8日間です。ただし、契約書面より前に申込書面を受け取っている場合には、申込書面の受領日が起算日となります。

　なお、令和3年に成立した特定商取引法改正により、申込書面や契約書面の交付に代えて、事業者は、消費者の承諾を得て、これらの書面に記載すべき事項を電磁的方法（電子メールなど）により提供することが可能になりました。

書面の交付義務に違反するとどうなるのか

　書面の記載事項が不完全な場合や虚偽の記載がある場合、事業者は交付義務に違反したことになります。消費者は販売業者に対し、書面交付義務の違反を主張することができます。

　また、事業者が書面を交付していない場合は、クーリング・オフの起算日がまだ生じていないと扱われます（クーリング・オフができる状態が継続します）。交付された書面にクーリング・オフに関する記載がなければ、書面を交付していないのと同様に扱われます。

■ 申込書面と契約書面

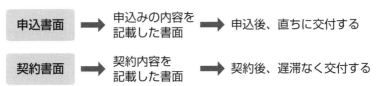

※申込みと同時に契約を締結する場合には契約書面のみの交付でよい

なお、書面交付義務に違反し、消費者の利益や訪問販売取引の公正が害されるおそれがある場合には、主務大臣（経済産業大臣など）が事業者に対して適切な措置をとることができます。最も厳しい措置として、事業者に対して業務停止命令を行うことも可能です。さらに、書面交付義務に対する違反や書面の内容に虚偽があるなどの場合には、事業者に対し100万円以下の罰金（行為者には6か月以内の懲役または100万円以下の罰金）を科すことができます。

■ 訪問販売の申込書面・契約書面の記載事項 ……………………

①商品・権利・役務の種類

②商品・権利の販売価格、役務の対価

③商品・権利の代金、役務の対価の支払時期および方法

④商品の引渡時期若しくは権利の移転時期または役務の提供時期

⑤クーリング・オフに関する事項

⑥事業者の氏名（名称）、住所、電話番号、法人の代表者の氏名

⑦契約の申込みまたは締結の担当者氏名

⑧申込みまたは締結の年月日

⑨商品名、商品の商標または製造者名

⑩商品に型式があるときは、その型式

⑪商品の数量

⑫契約不適合責任（担保責任）について定めがあるときは、その内容

⑬契約の解除に関する定めがあるときは、その内容

⑭その他特約があるときは、その内容

6 訪問販売の禁止行為について知っておこう

不当な勧誘行為は禁止されている

訪問販売の禁止行為とは

訪問販売は、消費者が事前に商品やサービスに関する情報を持たないために、誤解やトラブルが発生しやすいという特徴があります。そのため、特定商取引法では、訪問販売を行う際の禁止行為を定めています。

① 不実の告知

消費者に対して事実とは異なる説明をして、商品を購入させる行為です。たとえば、販売員が消防署の職員に扮装して、「家庭に1台取り付けが義務付けられている」とウソを言って消火器を売る（家庭への消火器設置義務はない）悪質な訪問販売はよく知られています。また、クーリング・オフができる商品なのに「この商品はクーリング・オフできない」と説明して販売する行為も不実の告知とみなされます。

なお、主務大臣（経済産業大臣など）は事業者に対し、不実の事項を告げる行為があったかどうかを判断するため、事業者が告げた事項を裏付ける合理的な根拠を示す資料を提出するように求めることができます。

② 故意による重要事項の不告知

消費者が不利になるような重要な事実を、わざと（故意に）伝えずに契約を結ぶ行為は禁止されています。

たとえば、販売する商品が一定期間を過ぎれば壊れてしまうが、そのことを知らせると消費者が買わなくなるのであえて明かさない、というような行為がこれにあてはまります。

③ 威迫行為

消費者を威迫して、契約を交わすことや、クーリング・オフを妨げることは禁止されています。威迫とは、脅迫よりは軽度であるものの、

他人に対する言動によって相手方を不安・困惑させることを意味します。

④ 販売目的を隠した行為

　消費者に接触するために、販売目的を隠して訪問する行為は禁止されています。たとえば、販売目的であることを言わずに道路などで声をかけ、営業所に誘い込む行為は禁止されます。

⑤ 債務の履行拒否・履行遅滞

　正当な理由もなく、債務の履行を拒否したり遅らせたりすることです。約束の期日までに履行しないことを履行遅滞といいます。特に契約の解除を消費者が求めている場合、クーリング・オフの期間をやりすごすために、それを拒否したり、遅らせるといった手口がよく使われています。

⑥ 夜間の勧誘やしつこい勧誘

　夜遅くに自宅などを訪問して勧誘する、長時間にわたってしつこく勧誘する、病気や老齢などによる判断力不足に乗じて勧誘する、通常必要な分量を著しく超える商品の購入について勧誘する、商品に対する経験・知識・財産の状況に照らして不適当な勧誘をする、などが禁止されています。

■ 再勧誘は禁止されている

　一度契約をした消費者に対して、言葉巧みに必要のない商品やサービスを次々と販売する「次々販売」という商法があります。次々販売では、消費者側としても購入する必要がないことをわかっているのですが、何度も来訪されるうちに仕方なく契約してしまうというケースが後を絶ちません。そこで、同様の被害を防ぐ目的で、特定商取引法では、訪問販売に再勧誘禁止規定を置いています。

　販売業者または役務提供事業者は、訪問販売をしようとするときは、その相手方に対し、勧誘を受ける意思があることを確認するよう努める必要があります。

そして、訪問販売による売買契約または役務提供契約を締結しない旨の意思を表示した消費者に対しては、事業者は当該売買契約または当該役務提供契約の締結について勧誘をしてはいけません。「契約しない」「訪問しないでほしい」などとはっきり意思表示した消費者のもとに居座り続けることや、帰ったとしても再三訪問するなどの行為は禁止されることになります。

　消費者のもとに居座り続けると、場合によっては刑法上の不退去罪（刑法130条後段）が成立するおそれがあります。

再勧誘を禁止されるともう訪問販売ができないのか

　再勧誘禁止規定があるといっても、訪問販売自体が行えないわけではありません。

　再勧誘が禁止されるのは、勧誘の対象となった商品・サービス・特定権利についての再勧誘であり、別の商品などの契約についての勧誘は禁止されません。

　また、同じ商品などであれば、断る意思を示した消費者に再勧誘をすることは禁止されますが、永久にその商品などの再勧誘が禁止されるわけではありません。社会通念に照らして相当と考えられる期間を経過し、実質的に別の商品などの契約であると考えられる状況になっていれば、再勧誘にあたらないとされています。運用指針によると、

■ **不当勧誘が行われた場合に消費者が採りうる手段** ……………

不実の告知や故意による重要事実の不告知により誤認して結ばれた契約
- 8日以内であればクーリング・オフ
- 消費者契約法に基づく消費者の取消権
- 特定商取引法に基づく契約の取消し
- 民法の詐欺・錯誤による取消し

同じ商品などの契約であっても、たとえば、数か月から1年単位での契約が通常である商品などについては、その期間が経過すれば、実質的に別の商品などの契約になると考えられ、再度勧誘することも可能になります。

違反行為に対しては制裁がある

特定商取引法で定められている禁止行為を販売業者が行った場合、行政規制や刑事罰の対象となる場合があります。

① 行政規制

違反業者に対しては、業務改善に関する措置を指示したり、業務の一部または全部を停止させる（業務停止命令）ことがあります。その他、事業所への立入調査を行ったり、報告や資料提出を命じるなど、消費者の被害を最小にするための措置がとられます。

② 刑事罰

たとえば、不実の告知、故意による重要事実の不告知、威迫行為など（37ページ、特定商取引法6条）をした者に対しては、3年以下の懲役または300万円以下の罰金が科せられるというように、刑事罰の対象となる場合もあります。

■ 再勧誘の禁止 ・・・

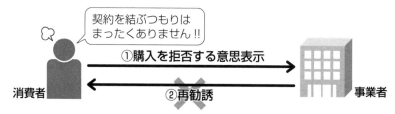

契約を結ぶつもりはまったくありません!!

消費者 　①購入を拒否する意思表示 → 事業者

←　②再勧誘　✕

・別の商品などの契約についての勧誘であれば禁止されない
・同じ商品などであっても、相当の期間が経過したことで「別の商品」といえる場合には、再度の勧誘も可能になる

7 訪問販売とクーリング・オフについて知っておこう

消費者のためのクーリング・オフ制度

■ 8日以内に発信する

　訪問販売で購入した商品や特定権利、提供を受けたサービスについて、後で思い直した場合、クーリング・オフにより契約の解除（もしくは申込みの撤回）をすることができます。クーリング・オフを行使できる期間は、クーリング・オフに関する記載のある契約書面（または申込書面）を受け取った日から8日以内です。8日以内であればたとえ契約した後であっても契約を解除できます。「8日」の期間については、初日もカウントされるのが注意点です。たとえば、日曜日に契約書面を受領したとすると、翌週の日曜日までが行使期間となります。ただし、8日以内に通知を発信すればよく、相手方に届くのは9日目以降でもかまいません。たとえば、消費者が商品購入から8日目にクーリング・オフの通知を手紙で送ると、事業者に届くのは9日目以降になりますが、クーリング・オフは相手方への到達時点ではなく、送付者が発信した時点で効果が生じるため（発信主義）、この場合もクーリング・オフは有効に成立します。

　ただ、事業者が通知を受け取っていないなどと主張した場合は、消費者の側が通知を発信したことを証明しなければなりません。このような場合、重要になるのが書面を発送した日付です。通常、ハガキや手紙には郵便局の消印があります。消印が商品購入日から起算して8日以内であれば、期間内にクーリング・オフを発信したことの証拠になります。消費者の手元にも期間内にクーリング・オフの通知を発信した証拠を残しておくためには、書面の発信日を容易に確認できる内容証明郵便を利用するのがよいでしょう。

電子メールや電話でクーリング・オフしてもよいのか

　以前は、クーリング・オフの行使は「書面」によると定めていましたが、情報化社会の下で、消費者がクーリング・オフをより行使しやすくするため、令和3年成立の特定商取引法改正により、クーリング・オフの行使は、書面だけでなく電磁的方法（電子メールなど）によることも認められました。電磁的方法であれば、発信日の特定ができるとともに、消費者の負担が最小限で済むからです。もっとも、発信日を確実に証明するためには、内容証明郵便によるのが最も安全だといえます。

法律の規定と異なる特約は認められるのか

　契約内容によっては、事業者が独自に特約を設けている場合があります。たとえば「クーリング・オフを行使した場合には違約金が発生する」「クーリング・オフは当社が認めた場合のみに実行される」といった特約です。このような特約を認めてしまえば、クーリング・オフの効力がほとんどなくなります。

　そこで、特定商取引法では「クーリング・オフの規定に反する特約で消費者に不利なものは無効とする」と規定しています。上記の特約はいずれも無効になります。一方、「クーリング・オフは電話などで

■ クーリング・オフの起算日 ………………………………

契約書面を受け取った日がクーリング・オフの起算点

この日までにクーリング・オフ通知を発送することが必要

| | | 1日目 | 2日目 | 3日目 | 4日目 | 5日目 | 6日目 | 7日目 | 8日目 | | 起算日 | |

クーリング・オフ妨害がなされた場合には書面が再交付された日から起算する

も認められます」「当社ではクーリング・オフ期間を10日とします」
など、消費者にとって有利にする方向での特約は認められます。

クーリング・オフ妨害とは

　訪問販売で購入した商品に欠陥などが見つかった場合、消費者は事業者に対してクーリング・オフを行使することでしょう。

　しかし、事業者によっては「契約書類が本社に到着していないため、クーリング・オフは無効です」「商品が消耗品の場合は、クーリング・オフが無効になります」などの理由をつけて消費者にクーリング・オフをさせまいとします。このような行為はクーリング・オフ妨害と呼ばれます。具体的には、事業者が消費者にクーリング・オフができないと告げ、消費者がそれを事実であると誤認した場合や、事業者が消費者を威迫したために、消費者が困惑してクーリング・オフができなかった場合がクーリング・オフ妨害とされます。

　クーリング・オフ妨害が行われた場合、クーリング・オフ期間が延長されます。具体的には、クーリング・オフ妨害をした事業者は、消費者の誤認や困惑を解消するため、「弊社はクーリング・オフを妨害する行為を行ったため、本日お送りした書面をお受け取りになった日から起算して8日間はクーリング・オフが可能です」といった書面を消費者に交付することになっています。消費者がこの書面を受領した日から起算して8日以内であれば、クーリング・オフができることになります。

■ クーリング・オフ妨害とクーリング・オフ制度 ·················

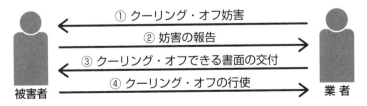

8

役務付帯契約について知っておこう

役務付帯契約もクーリング・オフの対象となる

商品の販売とサービスの提供がセットになっている

訪問販売では、商品だけでなく、役務を商品とセットにして販売する事があります。役務とは、一言でいうとサービス、人のために行う労働という意味で捉えておけばよいでしょう。

役務付帯契約とは、このような役務の提供と、商品の販売とをともに行う契約形態です。これら「商品の販売」と「役務」のどちらがメインのサービスで、どちらが付随するサービスとなるのかは、個々の販売契約によってまちまちです。商品の販売と役務のどちらが主体となる場合であっても、役務付帯契約として認められています。

どんな問題点があるのか

役務付帯契約では、商品の販売と役務の提供の両方がともにクーリング・オフの対象となるのかが問題です。たとえば、訪問販売で新しい床暖房を購入して家に取り付ける役務付帯契約をした場合、古い床は取り外すなど何らかの手を加えざるを得ません。もし、この契約を途中で解約したいと思っても、すでに古い床の取り外しや新しい床の取り付けが行われていると、床暖房の販売と取り付けの役務の両方に対してクーリング・オフが有効になるのかという問題が生じます。

特定商取引法では商品の販売だけでなく、役務の提供についてもクーリング・オフが適用されると定めています。そのため、クーリング・オフの期間内であれば、たとえ床の取り外し工事の一部がすでに行われていたとしても、事業者は工事を中止する必要があります。

また、クーリング・オフの時までにかかった工事費用に対しても、

消費者に請求することはできません。前もって受け取った金銭も消費者に返すことになります。

原状回復請求ができる

　工事付きの商品販売契約をクーリング・オフしたくても、すでに工事が行われてしまっている場合、この工事を途中の状態で放置されてしまうと、消費者としては困ってしまいます。原状回復とは、役務を行った際に発生した変化について、販売契約を行う前の状態にまで戻すことです。具体的には、事業者が新しい工事を行って変更されてしまった箇所があれば、それを元に戻す必要があります。前述のような床暖房を取り付ける契約のクーリング・オフについても、工事は途中まで行われていて、床には手が加えられています。しかし、消費者から原状回復の請求があれば、事業者は販売契約する前の状態に戻すために、床暖房の取り付けの工事を中止し、床を元の状態に戻す処理をしなければなりません。

　なお、原状回復のための費用は、事業者側で負担しなければなりません。たとえ床を元の状態に戻す処理をするために費用がかかったとしても、それを消費者側に請求することはできません。

■ 役務付帯契約とクーリング・オフ

消費者　　　　　　　　　　　　　　　　　　　　　　事業者

役務付帯契約（商品の販売＋サービスの提供）

商品・サービス双方についてクーリング・オフ可能

原状回復請求もできる

9

消耗品の使用・消費とクーリング・オフについて知っておこう

政令指定消耗品は使用・消費するとクーリング・オフできない

たとえばどんな場合なのか

　訪問販売についてはクーリング・オフが認められますが、化粧品や健康食品など消費しやすい商品のクーリング・オフについては、他の商品と異なる取扱いがなされています。特定商取引法では、一度でも開封して使用・消費すると大きく価値が損なわれる商品を「政令指定消耗品」と定めています（特定商取引法26条5項1号）。政令指定消耗品として定められているのは以下の商品です。

---

① 　健康食品（動物や植物の加工品で、一般の飲食用でなく、人が摂取するもの。医薬品を除く）

② 　不織布、織物（幅13cm以上）

③ 　コンドーム、生理用品

④ 　医薬品を除く防虫剤・殺虫剤・防臭剤・脱臭剤

⑤ 　医薬品を除く化粧品・毛髪用剤・石けん、浴用剤、合成洗剤、洗浄剤、つや出し剤、ワックス、靴クリーム、歯ブラシ

⑥ 　履物　　　⑦ 　壁紙　　　⑧ 　配置薬

　政令指定消耗品は一部でも使用・消費した場合、契約書面を受領した日から起算して8日以内であっても、クーリング・オフができなくなります。ただし、このような商品を販売する際には、あらかじめ商品が政令指定消耗品に該当するものであり、一部でも使用・消費するとクーリング・オフができなくなることを書面の中で伝えておく必要があります。このことを隠して販売したり、購入を決める前から販売

業者側から使用するように勧められた場合には、使用・消費した政令指定消耗品であっても、クーリング・オフの対象となります。

使用・消費とは

　政令指定消耗品の説明で「開封した場合はクーリング・オフができません」という表記をよく目にしますが、実際には、商品を開封しただけで使用・消費にはあたるとは限りません。たとえば、容器に入った化粧品や洗剤は、蓋を開けただけでは使用・消費したことにはなりません。

　ただし、真空パックなどのように容器に密封されていて、開封した時点で価値がなくなるという性質を持っている商品の場合は、開封しただけで使用・消費にあたることになって、クーリング・オフの対象外となってしまいます。

　たとえば、缶詰は密封されているために、長期間保存できるようになっています。これを開けてしまうと、缶詰の長期保存という価値が大きく損なわれるため、中身を食べていなくても使用・消費したとみなされて、クーリング・オフができなくなります。

一部の使用・消費について

　政令指定消耗品を含む商品がセットとなっているものを購入し、こ

■ 消耗品のクーリング・オフを封じるために規定されている契約書の条項

> 第●条　本件契約により購入した商品の全部または一部を使用、もしくは消費した場合には、特定商取引法その他の法律に基づくクーリング・オフをすることはできない。

契約書にこのような規定がない場合には、消耗品を使用・消費してしまった場合でもクーリング・オフをすることができる

れを使用・消費した場合でも、セットの商品すべてがクーリング・オフの対象外になるわけではありません。

　購入した商品のうち、使用・消費したものに関してはクーリング・オフができませんが、それ以外の「未使用の政令指定消耗品」や「政令指定消耗品外の商品」については、クーリング・オフをすることが可能です。この場合、個々の商品の小売価格が返金金額の目安となります。

　なお、セット商品のどれが政令指定消耗品であるかの表記も説明もない場合は、たとえ一部を使用・消費したとしても、セット品すべてに対してクーリング・オフが可能になります。

試用販売とは

　購入すると決めていない段階で、訪問販売員に「試しに商品を使ってみてください」と言われることがあります。ここで使用した化粧品は、あくまで見本として使用したものです。その後、この化粧品を購入した場合は、たとえ政令指定消耗品であってもクーリング・オフが可能です。政令指定消耗品の使用・消費が消費者の意思によって行われていないのですから、クーリング・オフが認められることになります。

■ 政令指定消耗品とクーリング・オフ ……………………………

政令指定消耗品

口紅　歯ブラシ
健康食品　防虫剤

政令指定消耗品については、消費者に交付する書面に記載がある場合にはクーリング・オフ不可

⬇

・単に蓋を開けたというだけでは使用・消費とは言えず、クーリング・オフが認められる可能性がある
・消耗品がセットとなっている商品の場合、「未使用の政令指定消耗品」や「政令指定消耗品外の商品」については、クーリング・オフが可能

10 過量販売規制について知っておこう

たくさん買わされた場合に解除できる制度

過量販売規制とは

　訪問販売には、必要のないものを買わされる問題の他に、必要なものであっても必要以上の分量を買わされる問題があります。訪問販売の被害を見ると、「たくさん買うと安くなるから」などと言葉巧みに勧誘して高額の契約を締結する悪質な販売業者もいるようです。一度このような契約をすると、販売業者が次々に違う商品を販売しようとしてきます。

　そこで、消費者の日常生活において通常必要とされる分量を著しく超える商品の売買契約などを、原則として、契約締結日から1年以内であれば、その解除（もしくは申込みの取消し）を行える制度が導入されています（特定商取引法9条の2）。これを過量販売規制といいます。

過量販売の類型

　過量販売にはいくつかのパターンがあります。具体的には、①一度に大量のものを購入させるケース、②同じ事業者が何度も訪問して次々と購入を迫るケース、③通常必要となる分量を超えることを知りながら、複数の事業者が次々と購入を迫るケースです。いずれの場合も過量販売規制の対象となり、契約の解除が認められます。

　まず、①のケースでは、消費者の日常生活において通常必要とされる分量を著しく超える商品や特定権利を購入する契約、または通常必要とされる回数・分量・期間を著しく超える役務（サービス）の提供を受ける契約であれば解除ができます。

　②や③のケースでは、その契約だけでは過量といえない場合でも、過去の消費者の購入実績から、ある事業者の販売行為等が結果的に通

常必要とされる分量等を著しく超える契約になること、またはすでに
そのような量を超えた状況の消費者であることを、事業者が知りなが
ら販売行為等をした場合に契約の解除ができます。

　過量販売といえるかどうか、つまり通常必要とされる分量を著しく
超える販売かどうかは、商品・特定権利・役務の内容や性質、購入者
の生活状況、世帯構成人数などを基に個別の事案ごとに判断すること
になります。

　なお、過量販売を理由に契約を解除する場合、商品等の売買契約だ
けでなく、同じく1年以内であれば、割賦販売法の規定によりクレ
ジット契約の解除をすることも可能です。

解除権を行使する場合

　過量販売を理由に契約を解除する場合、その方法は制限が設けられ
ていませんが、クーリング・オフと同様に、内容証明郵便やハガキ、
電子メールで事業者に解除の通知をするとよいでしょう。契約締結日
から1年以内であれば解除可能ですから、クーリング・オフの行使期
間の経過後も契約を解除することができます。

■ 過量販売を理由とする契約の解除 ……………………………

① 訪問販売・電話勧誘販売での契約であること

② 日常生活において通常必要とされる分量・
　回数・期間を著しく超える商品・特定権利・
　サービスの契約であること

③ 契約締結の時から1年以内であること

④ 申込者等に契約の締結を必要とする特別の
　事情があった場合でないこと

消費者は
契約の解除が
可能！

消費者が支払う損害賠償金や違約金の限度

一方的な通知で契約を解除できる場合がある

損害賠償額の予定や違約金の定めをすることがある

　契約の解除とは、契約を一方的に破棄することです。契約の解除においてときどき問題となるのが、解除をした方が損害賠償金等（損害賠償金や違約金）を支払わなければならないことを、あらかじめ定めている場合です。妥当な金額であればよいのですが、事業者と消費者では、明らかに事業者の方が契約に関して精通しており、不当に高い損害賠償金等を支払う約束をさせられる可能性が高いのです。

　そのため、特定商取引法では、本来当事者間で自由に決められる損害賠償額の予定や違約金の定めを、妥当な金額の範囲内に制限する規定を設けて、消費者の利益が不当に害されないようにしています（特定商取引法10条）。消費者契約法9条にも、損害賠償額の予定や違約金の定めにより消費者が負担する金額を「事業者に生ずべき平均的な損害の額」に制限する規定がありますが、この規定を具体化したのが特定商取引法10条だといえます。

特定商取引法10条が適用されるケースとは

　特定商取引法10条が適用される4つのケースとは、①商品または権利が返還された場合、②商品または権利が返還されない場合、③役務提供契約の解除が役務の提供開始後である場合、④契約の解除が商品の引渡し、権利の移転、役務の提供開始前である場合です。

　①は、商品や権利が返還されていますので、「商品の通常の使用料の額」または「権利の行使により通常得られる利益に相当する額」を基準に損害賠償額等を考慮します。使用料や利益相当額については、

販売業者が一方的に提示するのではなく、業界標準の使用料率等を基準に考えるべきだとされます。

②は、商品・権利を返還していませんから、「販売価格に相当する額」を損害賠償金等とするのが基準です。分割支払いにしている場合には、分割払いにおける支払総額です。

③は、「提供された役務の対価に相当する額」が損害賠償額等の基準ですが、なかなか判断が難しい部分もあります。また解約手数料の問題もあり、合理的な判断基準については個別に検討することが多くなります。

④は、商品の引渡し前であったり、権利の移転前であったりするので、損害は生じないと思われがちですが、契約を締結するためにも一定の費用がかかっています。たとえば、書面作成にかかる費用や印紙代です。これらは「契約の締結及び履行のために通常要する費用の額」として算定されます。

これらの①～④で算定される金額に、法定利率による遅延損害金の額を加えた総額が損害賠償金等として請求可能な金額です。あらかじめ不当に高額な損害賠償額の予定や違約金の定めをしていたとしても、消費者は、これまで述べた金額を超える損害賠償金等を支払う必要はありません。

■ 不当に高い違約金を定める条項の例 ……………………………

> 第●条　本契約が解除された場合には、購入者は事業者に対して商品の代金の2倍の違約金を支払うものとする。

特定商取引法10条に反する高額の違約金の契約条項は無効！

第 3 章

通信販売・電話勧誘販売の法律知識

1 通信販売について知っておこう

通信販売は特定商取引法の適用を受ける

通信販売とは

　現代では、店舗に行って物を買う手段の他にも、通信販売という手段が多用されています。買いに行くための時間や交通費などを考えると、通信販売の方がよい場合もあるでしょう。

　また、消費者にとっての利便性だけでなく、事業者にとっても、販売場所を確保するコストや接客するコストなどを省けます。特にインターネットを通じての販売であれば、夜中でも消費者が広告を見て購入の申込みをしてくれます。したがって、消費者にとっても事業者にとっても、メリットのある販売形態だといえます。

　通信販売とは、購入者が新聞・雑誌・テレビ・カタログ・インターネット・電子メールなどの広告を見て、郵便・電話・FAX・インターネット・電子メールなどを通じて購入の申込みをする販売形態をいい、購入者が消費者の場合は特定商取引法の規制が及びます。最近では、インターネットの普及によって、ネットショッピングを運営するサイトが増えています。

　なお、消費者への電話による勧誘を伴うものは、別途、特定商取引法の規制が及ぶ電話勧誘販売という販売形態として規制されています。

どんな問題点があるのか

　通信販売は消費者にとって便利でメリットが多いです。店舗に行くと店員から強引な勧誘をされて、買いたくない商品まで買わされることがあるかもしれません。また、落ち着いて商品を見ることなく、その場の雰囲気で買ってしまうことがあるかもしれません。衝動買いな

ども多いのです。しかし、通信販売では購入の押し付けなどはないため、消費者はゆっくり自分のペースで商品を選ぶことができます。

　もっとも、通信販売には、実際に手にとって商品を確かめることができないという弱点があります。商品の広告には、商品の写真や動画が部分的に載せられているだけの場合が多く、見栄えのよい状態で載せられていることも多いでしょう。商品の説明も100％正しいというわけではないかもしれません。

　また、店舗で商品を見定めるときのように、店員に直接質問をすることもできません。この状況で購入すると、商品が届いたときに「自分の思っていたものと違う」と感じることもあります。

　このように、通信販売特有のトラブルもあることから、特定商取引法では通信販売にさまざまな規制を課しています。

▌権利については特定権利に限定されている

　以前は、通信販売について特定商取引法が適用されるのは、政令で定められた指定商品、指定役務（サービス）、指定権利を扱う場合だけでした（指定制度）。しかし、現在では通信販売については指定制

■ **通信販売のしくみ** ……………………………………………

①雑誌・新聞・インターネット
などによる広告

消費者　　　←　　　　　　　　　　事業者

②契約の申込み　→

③契約の承諾・商品の送付　←

度が廃止されており、原則として、すべての商品や役務の販売について特定商取引法が適用されます。

ただし、権利については「特定権利」を販売する場合に限って特定商取引法が適用されます。そのため、権利を販売する場合は、その権利が特定権利に該当するか否かをチェックするようにしましょう。

特定商取引法の適用が除外されるものもある

通信販売で商品などを販売しても、特定商取引法が適用されない場合があります。まず、事業者間の取引には適用されません。裏を返せば、事業者と消費者との間の取引にのみ適用されるということです。また、海外の人に販売する場合や、事業者が従業員に販売する場合なども適用されません。さらに、他の法律により消費者保護が図られている取引についても適用されません。

返品制度がある

返品というと通常はクーリング・オフを思い浮かべますが、通信販売にはクーリング・オフが認められていません。そのため、届いた商品が「写真で見たものと違う」「説明文記載のサイズと違う」などの場合に、消費者が返品しようとしても事業者が応じないというトラブルが頻発し、問題となっていました。

このような状況を受けて、現在では通信販売に返品制度が導入されています。返品制度は、通信販売で購入した商品の到着日（特定権利の場合は権利移転日）から起算して8日以内であれば、消費者（購入者）の負担で自由に返品することを認める制度です。ただし、通信販売の広告に、あらかじめ「購入者都合による返品はできない」ことが記載されている場合は、返品制度の利用ができません。この点がクーリング・オフとの違いといえます。消費者としては、購入前に、ホームページやカタログなどに返品の可否について記載されているかどう

かを確認することが大切です。

　したがって、返品制度を認めるかどうかは事業者次第ということになります。ただ、「返品不可」の表示があっても、事業者の販売した商品などに破損や欠陥などがある場合、消費者は、民法が定める契約不適合責任に基づいて契約を解除した上で、原状回復として返品することが可能です。もっとも、消費者が事業者に対して契約不適合責任を追及するときは、まず期間を定めて履行の追完（たとえば、破損や欠陥などのない商品の引渡し）を請求します。それでも事業者による履行の追完がなければ、消費者は契約の解除ができます。このとき、契約を解除すれば返品が可能になります。その際、事業者は代金を受領済みであれば、それを消費者に返還しなければなりません。

■ **通信販売と返品制度** ……………………………………………

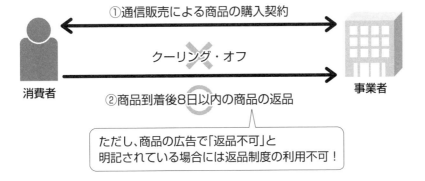

①通信販売による商品の購入契約

クーリング・オフ

消費者

②商品到着後8日以内の商品の返品

事業者

ただし、商品の広告で「返品不可」と
明記されている場合には返品制度の利用不可！

2 通信販売の広告記載事項をおさえておこう

必要的記載事項を漏れなく記載することがポイント

通信販売の広告には必要的記載事項がある

通信販売では、消費者は広告を見ることで商品を購入するかどうかを判断します。そこで、特定商取引法は、通信販売を行う際の広告に一定の事項を表示することを義務付けています。この一定の事項のことを必要的記載事項といいます（61ページ図）。ネットショップの商品紹介の各ページに「特定商取引法に基づく表示」へのリンクが貼られていることが多いですが、これは共通する必要的記載事項をまとめて掲載したものです。以下、おもな必要的記載事項を見ていきます。

販売価格について

商品の価格が曖昧に記載されていて、実際に取引するまで正確な支払額がわからないと消費者は不安になります。そこで、商品の販売価格は、消費者が実際に支払うべき「実売価格」を記載することが必要です。希望小売価格、標準価格などを表示していても、その金額で取引されていなければ「実売価格」の表示とはいえません。消費税の支払いが必要な取引では、消費税込の価格を記載する必要があります。

送料について

購入者が送料を負担する場合は、販売価格とは別に送料の明記が必要です。送料の表示を忘れると「送料は販売価格に含まれる」と推定され、送料を請求できなくなるおそれがあります。送料は購入者が負担すべき金額を具体的に記載します。「送料は実費負担」という記載は具体性を欠くため不適切です。

全国一律の送料で商品を配送する場合は、「送料は全国一律○○円」と簡単に表示できます。一方、全国一律ではない場合は、配送地域ごとに送料がいくらになるかを記載すべきです。この場合、商品の重量やサイズ、発送地域を記載した上、配送会社の料金表のページへのリンクを張る方法も可能です。

その他負担すべき金銭について

「その他負担すべき金銭」は、販売価格と送料以外で、購入者が負担すべきお金のことです。たとえば、組立費、梱包料金、代金引換手数料などが代表的なものです。

取引にあたっては「その他負担すべき金銭」の内容と金額を表示することが必要です。したがって、組立費などの費目を明示し、具体的な金額を記載します。購入者がどれだけの費用がかかるのかを正確に知り、安心して取引できるようにするためです。したがって、「梱包料金、代金引換手数料は別途負担」とだけ記載し、具体的な金額を明記していないものは不適切な表示となります。

代金（対価）の支払時期について

購入者が代金をいつ支払うかは取引の重要事項なので、具体的に表示する必要があります。代金の支払時期は、前払い、後払い、商品の引渡しと同時（代金引換）などのパターンがあります。たとえば、後

■ 通信販売に対する規制

払いの場合は、「商品到着後、1週間以内に同封した振込用紙で代金をお支払いください」などと記載します。一方、代金引換の場合は、「商品到着時に、運送会社の係員に代金をお支払いください」などと記載します。

商品の引渡し時期について

通信販売は、注文のあった商品が購入者の手元に届くまでの期間を明確に表示する必要があります。具体的には、商品の発送時期（または到着時期）を明確に表示します。前払いの場合には、「代金入金確認後○日以内に発送します」のように記載します。一方、代金引換の場合は、たとえば「お客様のご指定日に商品を配送します」と表示します。なお、「時間を置かずに」という意味で、「入金確認後、直ちに（即時に、速やかに）発送します」と記載することも可能です。

代金（対価）の支払方法について

代金の支払方法が複数ある場合には、その方法をすべて漏らさずに記載する必要があります。たとえば、「代金引換、クレジット決済、銀行振込、コンビニ決済、現金書留」のように、支払方法をすべて列挙します。

返品制度に関する事項について

返品制度とは、商品に欠陥がない場合にも、販売業者が返品に応じるという制度です。事業者は、返品の特約として、返品の有無とその期間などを明確に記載する必要があります。

具体的には、返品に応じる場合は、返品にかかる送料などの費用の負担や、返品を受け付ける期間などを記載します。たとえば、「商品に欠陥がない場合でも○日以内に限り返品が可能です。この場合の送料は購入者負担とします。」などと記載します。反対に、返品に応じ

ない場合は、「商品に欠陥がある場合を除き、返品には応じません」
などと記載します。

　もし販売業者が広告に返品の特約に関する事項を表示しないと、商
品に欠陥がなくても、商品を受け取った日から起算して8日以内は、
購入者が送料を負担して返品ができます。

■ 事業者の氏名（名称）、住所、電話番号について

　個人事業者の場合は、氏名（または登記された商号）、住所、電話

■ 通信販売における広告の必要的記載事項 ･･･････････････

①商品、権利の販売価格または役務の対価（販売価格に商品の送料が
　含まれない場合には、販売価格と商品の送料）

②商品・権利の代金または役務の対価についての支払時期と支払方法

③商品の引渡時期、権利の移転時期、役務の提供時期

④契約の申込みの撤回や解除（おもに返品制度）に関する事項

⑤販売業者・サービス提供事業者の氏名（名称）、住所および電話番号

⑥法人がホームページ等により広告する場合には代表者または責任者の氏名

⑦申込みの有効期限があるときは、その期限

⑧購入者の負担する費用がある場合にはその内容と金額

⑨契約不適合責任についての定めがある場合にはその内容

⑩ソフトウェアに関する取引である場合にはソフトウェアの動作環境

⑪商品の売買契約を2回以上継続して締結する必要があるときは、
　その旨及び金額、契約期間その他の販売条件

⑫商品の販売数量の制限、権利の販売条件、役務の提供条件が
　ある場合はその内容

⑬広告表示を一部省略する場合の書面請求（カタログの別途送付など）
　の費用負担があるときは、その費用

⑭電子メール広告をする場合には電子メールアドレス

番号を記載します。法人の場合は、名称、住所、電話番号、代表者の氏名（または通信販売業務の責任者の氏名）を記載します。

「氏名（名称）」は、戸籍または商業登記簿に記載された氏名または商号を記載します。通称名、屋号、サイト名の記載は認められません。

「住所」「電話番号」は、事業所の住所と電話番号を記載します。住所は実際に活動している事業所の住所を省略せず正確に記載し、電話番号は確実に連絡がとれる番号を記載します。

「通信販売業務の責任者の氏名」は、通信販売を手がける法人事業部門の責任者（担当役員や担当部長）の氏名を記載します。「代表者の氏名」を記載するのであれば、通信販売業務の責任者の氏名の記載は不要です。

なお、ホームページに記載する場合には、画面のスクロールや切り替えをしなくても、事業者の氏名、住所、電話番号などは、消費者側（購入者）が見たいと思った時にすぐ探せるように、画面上の広告の冒頭部分に表示するか、「特定商取引法に基づく表記」というタブからリンクを貼るなどの方法を講じるべきです。

契約不適合責任についての定め

契約不適合責任とは、商品の種類・品質などが契約の内容に適合しない場合（契約不適合）に販売業者が負う責任のことです。契約不適合責任に関する特約がある場合には、その内容を記載する必要があります。事業者の契約不適合責任をすべて免除する特約は、特に購入者が消費者である場合に消費者契約法の適用によって無効となります（242ページ）。なお、特約の記載がない場合は、民法などの原則に基づいて処理されます。

必要的記載事項を省略できる場合もある

広告スペースなどの関係で、必要的記載事項をすべて表示すること

が難しい場合には、以下の要件を満たせば、その表示を一部省略できます。

　つまり、広告上に「消費者からの請求があった場合は必要的記載事項を記載した文書または電子メールを送付する」と記載することが必要です。あわせて実際に消費者から請求があった場合に、必要的記載事項を記載した文書または電子メールを遅滞なく送付できる措置を講じていなければなりません。ここで「遅滞なく送付」とは、消費者が購入を検討するのに十分な時間を確保できるようになるべく早く送付するという意味です。商品の購入に関して申込期限がある場合に特に重要です。

■ 必要的記載事項の省略 ……………………………………………………

原則として必要的記載事項の広告が必要

▼

請求があった場合に文書などで提供する措置をとっていれば一部事項の記載省略が可能

▼

ただし、その場合でも、返品制度に関する事項、申込みの有効期限があるときはその期限、ソフトウェアの動作環境、2回以上継続して契約を締結する場合の販売条件、販売数量の制限などの条件、省略した広告事項に関し書面請求があった場合の費用負担、電子メール広告をする場合の電子メールアドレス、については省略することは認められない。

3 広告についての禁止事項を知っておこう

取引の申込画面であると容易にわかるように設計する

誇大広告等について

　通信販売については誇大広告等が禁止されており、違反した事業者は、業務停止命令・業務禁止命令などの行政処分や、罰則の対象になります。誇大広告等にあたるのは、4つの事項につき、広告に「著しく事実と異なる表示」または「実際のものよりも著しく優良もしくは有利であると誤認させる表示」をすることです。「4つの事項」とは、①商品・役務・特定権利の種類・品質・性能・内容などに関する事項、②商品の原産地・製造地・製造者・商標に関する事項、③国・地方公共団体・著名人などの関与に関する事項、④特定商取引法が定める広告に関する必要的記載事項（61ページ）のことを指します。

顧客の意に反して契約の申込みをさせることはできない

　インターネット通販では、操作中に気がつくと商品購入の申込みが完了していることがあります。このトラブルは、表示中の画面が「商品購入の申込画面」であると消費者が認識できないために起こることが多いようです。特定商取引法では、インターネット通販に関し、おもに次の行為を「顧客（消費者）の意に反して申込みを行わせようとする行為」として禁止しています。

　1つ目は、有料の取引の申込画面であることを、顧客が容易（簡単）に認識できるように表示していないことです。2つ目は、顧客が申込みの内容を容易に確認し、かつ訂正できるような措置を講じていないことです。

　これらの禁止を踏まえ、適切な申込画面を作成するポイントは2つ

です。

　まず、申込画面であると一目でわかるようにすることです。たとえば、申込みの最終段階で「ご注文内容の確認」のタイトルの画面（最終確認画面）を表示します。この最終確認画面に「この内容で注文を確定する」のボタンを用意し、顧客がボタンをクリックすると申込みが完了するしくみにします。

　次に、申込内容を簡単に確認・訂正できるようにすることです。たとえば、最終確認画面に「変更」「取消し」のボタンを用意し、ボタンをクリックすれば顧客が容易に申込内容の変更・取消しができるようにします。

　なお、令和３年成立の特定商取引法改正で、インターネット通販などにより消費者から通信販売の契約の申込み（特定申込み）を受ける事業者は、最終確認画面に所定の事項を表示することが罰則付きで義務付けられました。

■ 最終確認画面 ···

ご注文内容の確認

ご注文内容の最終確認となります。
下記のご注文内容が正しいことをご確認の上、「この内容で注文を確定する」をクリックしてください。

商品名・価格・個数	○○○○　2500円（税込）　　１つ
お届け先の住所・氏名	〒000-0000 東京都○○区××１－２－３　　○○○○
お支払い方法	代引き（手数料○○○円）
送料・送付時期	送料無料　○月○日午前中到着予定

内容を変更する　　　　　この内容で注文を確定する

TOPに戻る（注文は確定されず、注文が取り消されます）

4 通信販売の広告メール等の規制について知っておこう

消費者の事前承諾が必要

　通販業者から広告目的の電子メール（電子メール広告）が送られてきますが、消費者にとっては、頼んでもいない広告メールが送られるのは迷惑です。特定商取引法では、通販業者が電子メール広告を送信するときは、あらかじめ消費者が請求するか、または消費者から承諾を得ることを義務付け、事前の請求・承諾がない電子メール広告の送信を原則として禁止しています（オプトイン規制）。

　ただし、次のいずれかの場合は、事前の請求・承諾がなくても電子メール広告の送信が可能です。まず、契約内容の確認や契約の履行などの重要な事項に関する通知に付随して電子メール広告を行う場合です。次に、フリーメールサービスなどの無料サービスに付随して電子メール広告を行う場合です。

　結局、通販業者は、法令で定められた例外に該当する場合を除いて、消費者の事前の請求・承諾がないのに電子メール広告を行うことができません。なお、平成28年成立の特定商取引法改正で、ファクシミリ広告も、原則として消費者の事前の請求・承諾がないのに行うことができなくなりました。

請求・承諾を得る方法と記録の保存

　電子メール広告に関する請求・承諾は、消費者の自主的な判断によってなされる必要があります。電子メール広告の請求・承諾について消費者が正しい判断を行うため、事業者としては、ある操作を行うと電子メール広告を請求・承諾したことになると、すぐにわかるよう

な画面を作成することが重要です。

　たとえば、商品購入に関するホームページで、消費者から電子メール広告の送信について承諾を得る場合、消費者が購入者情報を入力する画面に電子メール広告の送信を希望するとのチェックがあらかじめ入っているデフォルト・オン方式があります。反対に、電子メール広告の送信を希望するとのチェックがあらかじめ入っておらず、希望する場合に購入者がチェックをいれるデフォルト・オフ方式もあります。

　このうちデフォルト・オン方式の場合は、デフォルト・オンの表示について、画面全体の表示色とは違う表示色で表示するなど、消費者が認識しやすいように明示し、最終的な購入申込みのボタンに近い箇所に表示するのが望ましいとされています。

　また、次の2つの方法は、消費者が電子メール広告の送信を承諾するとの表示（承諾表示）を見落とす可能性があるので不適切とされています。つまり、①膨大な画面をスクロールしないと承諾表示に到達できない場合、②画面の見つけにくい場所に、読みにくい文字で承諾表示がされている場合の2つです。

　その上で、通販業者は、電子メール広告について消費者の請求・承諾を得たことを証明する記録を保存しなければなりません。たとえば、

■ オプトイン規制とオプトアウト規制 ……………………………

オプトイン規制
意思を表示していない者に対しては送信不可 事前に請求・承諾した者に対しては送信可という規制

オプトアウト規制
意思を表示していない者に対しては送信可 「送信しないでほしい」という意思を表示した者に対しては送信不可という規制

※特定商取引法はオプトイン規制を採用（例外あり）

ホームページの画面上で請求・承諾を得た場合は、請求・承諾を証明する文書や電子データ等を保存しておく必要があります。

メールアドレスを記載する

　電子メールの広告配信を停止する方法がわからないと、消費者は不要なメールを受信し続けざるを得なくなります。そうした不都合をなくすためには、メール配信の停止方法を消費者が知っておく必要があります。そこで、電子メール広告には、消費者が配信停止を希望する場合の連絡先を記載しなければならないとされています。

　具体的には、連絡先となる電子メールアドレスやホームページアドレス（URL）を表示します。電子メールアドレスとURLは、簡単に探せる場所にわかりやすく記載します。たとえば、電子メール広告の本文の最前部か末尾などの目立つ場所に表示すれば、消費者は簡単に見つけることができます。

　反対に、膨大な画面をスクロールしないと電子メールアドレスやURLに到達できない表示は不適切とされています。文中に紛れ込んでいて、他の文章と見分けがつかない表示も不適切とされています。消費者が電子メール広告の配信停止を希望する意思を表明したときは、事業者はその消費者に電子メール広告を送信できません。受信拒否の消費者に電子メール広告を送信した事業者には罰則が適用されることがあります。

　現在の電子メール広告では、ほとんどの場合、メール文の末尾に「配信を解除」等の表示がなされているリンク（URL）があり、そこから上記の手続を行えるようになっています。

特定電子メール法でも規制されている

　電子メール広告は、特定商取引法の他に、特定電子メール法によっても規制されています。電子メールによる広告の規制は、特定商取引

法は通販業者（通信販売を行う事業者）が規制対象であるのに対し、特定電子メール法は営利を目的とした広告宣伝メール全般の送信者が規制対象です。したがって、ネットショップが自ら電子メール広告を消費者に送信する場合は、特定商取引法と特定電子メール法の両方が適用されます。特定電子メール法による規制のポイントは次の４つです。

①　原則として事前に送信を同意した受信者に対してのみ広告宣伝メールの送信を認めている（オプトイン規制）

②　受信者からの同意を証明する記録の保存を義務付けている

③　広告宣伝メールの受信拒否の通知を受けた場合は、以後のメール送信を禁止している

④　広告宣伝メールには、送信者の氏名・名称、受信拒否の連絡先を表示しなければならない

■ デフォルト・オフとデフォルト・オン ……………………………

●デフォルト・オフの例

> 資料を請求いただいた方に最新情報について掲載したメールを配信させていただいております。
> →□配信を希望する
> 送信

└デフォルト・オフの場合、配信を希望する人がチェックすることになる

●デフォルト・オンの例

> 資料を請求いただいた方に最新情報について掲載したメールを配信させていただいております。
> →☑配信を希望する（希望しない方はチェックを外して下さい）
> 送信

└デフォルト・オンの場合、配信を希望しない人がチェックを外すことになる

5 前払式通信販売について知っておこう

商品を受け取る前に代金を支払う販売方法

▌前払式通信販売とは

　前払式通信販売とは、消費者が商品を受け取る前に代金を先に支払う販売方法です。代金の一部を先に支払う場合の他、全額を先に支払う場合もあります。消費者にとっては、商品が届くまで不安がつきまとう反面、事業者にとっては、商品の代金を支払ってもらえないリスクが軽減されるため、利便性の高い販売方法といえます。

　ただし、前払式通信販売という形態を悪用して、消費者からお金を受け取っておきながら「商品を送らない」「役務を提供しない」などのトラブルが発生しがちであるため、特定商取引法では、前払式通信販売に関する規定を設けて、事業者に通知義務などを課して消費者保護を図っています。

▌事業者には通知義務がある

　事業者の行う前払式通信販売が、商品・特定権利・役務について、申込みをした消費者から、その商品の引渡し、権利の移転、役務の提供をする前に、代金・対価の一部または全部を受け取る形態の通信販売を行う場合、事業者は消費者に通知しなければなりません。具体的には、消費者から実際に申込みを受け、その代金・対価の一部または全部を受け取った場合に、承諾についての通知をすることになります。

　たとえば、消費者の郵便や電子メールなどによる申込みに対して、代金・対価の支払前に事業者が商品の送付や役務の提供が行われると、それが承諾の意味を持ちます。この場合は、申込みに対する承諾と契約の履行が同時に行われ、かつ代金・対価の支払前に商品が到着して

いるので、承諾の通知は不要です。

　しかし、前払式通信販売では、申込みに対して事業者が承諾したのか否かが不明なまま、消費者が代金・対価を支払っている状態になりかねません。これでは商品の引渡しなどが行われない可能性があり、消費者が不安定な立場に置かれるので、事業者に対して、前払式通信販売を行う場合に承諾の通知義務を課しています。

通知の内容・方法

　事業者が通知すべき内容は、①申込みを承諾するかどうか、②事業者の氏名（名称）、住所、電話番号、③受領した金額の合計、④代金などの受領日、⑤申込みを受けた内容（商品名や数量、権利や役務の種類）、⑥申込みを承諾するのであれば、商品の引渡時期、権利の移転時期、役務の提供時期です。

　また、遅滞なく通知することが義務付けられているので、書面では３～４日程度、電子メールでは１～２日以内に通知をする必要があるといえます。

■ 前払式通信販売のしくみ・トラブル ……………………………

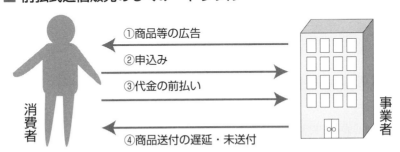

①商品等の広告
②申込み
③代金の前払い
④商品送付の遅延・未送付
消費者
事業者

6

ネットオークションと通信販売について知っておこう

無用なトラブルを避けるために工夫しなければならないことがある

ネットオークションとは

ネットオークションは、電子商取引と言われる商取引の中でも、消費者同士の間で行われることが多い取引です。ネットオークションが消費者同士の間で行われる場合には、対等な当事者間での取引となるため、消費者契約法などの消費者保護に関する法律は適用されず、民法が適用されるのが原則です。

ネットオークションは、自分には不要となった中古品でも気軽に売買することができるため、非常に効率のよい取引といえます。開始時の価格は、出品者側が好きなように決めることができるため、自由度の高い取引ということもできます。

しかし、ネットオークションも取引のひとつですから、売買が禁止されている物を出品したり、許可がないと売買してはいけないものを無許可で出品したりすることはできません。

また、ほとんどのオークションサイトは、オークションの場を提供しているにすぎないという立場をとっています。実際に取引をする場合には、たとえば、代金は前払いにせずに商品との代金引換で受け取るようにするなど、トラブルになりそうなことは避けるようにして、自己責任で行う必要があります。

トラブルを避けるためには、利用者が疑問点や不審点を確認できるようなシステムであるかチェックすることです。また、金銭をめぐる事項に関しては、特に消費税の有無の他、商品の送料や代金引換の場合の手数料などについては、どちらが負担するのかを明確にしておくことがトラブル防止につながります。さらに、商品に欠陥があった場

合に返品を受け付けるのかどうかという点についても、取引前に確認できるようにしましょう。

個人が商品を出品する場合の注意点

　消費者である個人が出品者となる場合は、特定商取引法の規制を受けないのが原則です。しかし、出品数や落札額が非常に多くなると「事業者」に該当するとみなされ、特定商取引法の規制を受ける可能性があります。

　たとえば、消費者庁・経済産業省が公表している「インターネット・オークションにおける『販売業者』に係るガイドライン」では、以下のいずれかにあてはまる場合に「事業者」に該当する可能性が高いことを示しています。

①　過去1か月に200点以上または一時点において100点以上の商品を新規出品している場合

②　落札額の合計が過去1か月に100万円以上である場合

③　落札額の合計が過去1年間に1,000万円以上である場合

■ ネットオークションのしくみ ・・・・・・・・・・・・・・・・・・・・・・・・・・・・・・・・

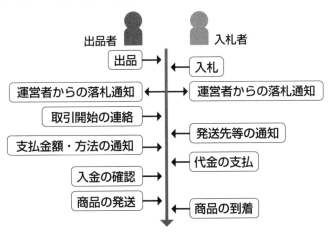

7

電話勧誘販売について知っておこう

突然電話がかかってきて売り込みが行われる

電話勧誘販売とは

　電話勧誘販売とは、事業者が消費者の自宅や職場へ突然電話をかけて商品などを売り込み、それにより消費者が電話・FAX・メールといった通信手段で申し込む販売方法のことです。たとえば、職場に電話をかけて、20 〜 30代の若い人に資格取得講座などを売り込むケースや、自宅に電話をかけて、浄水器やハウスクリーニングなどの売り込みをするケースなどがあります。

　電話勧誘は事業者にとっては、簡単で低コストな営業手段です。しかし、電話勧誘が持つ特性上、消費者が十分納得しないまま、契約を締結させられてしまうトラブルが後を絶ちません。電話勧誘の特性とは、不意に商品を見ることもなく契約させることができる、密室の会話と同じく他者の介入を受けない、忙しいとわかっていながら会話を終わらせなかったり何度も繰り返し電話をかけたりすると断りにくい状況が作り出せる、といったことです。

　電話勧誘販売の勧誘とは、事業者が消費者の契約意思を決める過程に影響を与える程度の進め方をいいます。「今回特別にこのお値段で提供します。今がチャンスですよ」と安さを強調したり、「これを使えばお肌が見違えてきます」というように、役に立つ商品であると強調したりすることなどが勧誘にあたります。実際には、事業者が消費者に電話をかけたのに契約締結の意思形成に影響を与えないということは想定しがたいといえます。

法規制はどうなっているのか

電話勧誘販売については、以下の３つの要件を満たす販売方法に対して特定商取引法が適用されます。

① 販売業者や代理業者が、消費者に電話をかける、またはDMやFAXで販売目的を隠して電話をするよう促したり、「抽選で商品を安価で購入する権利が当たった」などと騙ったりして消費者に電話をかけさせる。

② ①による電話で消費者に契約の勧誘を行う。

③ 消費者から郵便等で契約の申込みを受け、商品・特定権利の販売や役務の提供を行う。

電話勧誘販売の対象

商品の販売や役務の提供については、どのような消費や役務であっても、原則として電話勧誘販売の対象となり特定商取引法が適用されます。一方、権利の販売については、特定権利（29ページ）だけが電話勧誘販売の対象になり特定商取引法が適用されます。具体的には、スポーツジムの会員権や演劇鑑賞権、社債や株式などが特定権利にあたります。

■ 電話勧誘販売のしくみ

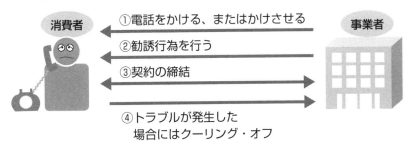

消費者

①電話をかける、またはかけさせる

②勧誘行為を行う

③契約の締結

④トラブルが発生した場合にはクーリング・オフ

事業者

8

電話勧誘販売の規制について知っておこう

いやがる相手に勧誘してはいけない

どのような規制があるのか

電話勧誘販売には、①氏名等の明示義務、②勧誘継続、再勧誘の禁止、③指定事項を記載した書面の交付義務、④前払式電話勧誘販売における承諾等の通知義務、⑤不実のことを告げる行為、故意に事実を告げない行為、威迫行為の禁止といった規制が設けられています。

氏名等の明示義務とは

販売業者または役務提供事業者は、電話勧誘販売をする際に、勧誘に先立って、①事業者の氏名または名称、②勧誘を行う者の氏名、③商品・特定権利・役務の種類、④電話が勧誘を目的とするものであること、について伝えなければなりません。つまり、相手が電話に出たら最初に会社名と担当者の氏名を名乗り、「○○という商品をご紹介させていただこうと思い、お電話いたしました」などと、勧誘を目的とする電話であることを告げなければならないのです。関係のない世間話を延々としてから勧誘する行為や、アンケート調査を装って会話に引き込んだところで勧誘するなどの行為は違法です。

勧誘継続・再勧誘の禁止とは

電話勧誘販売において、相手が契約を締結しないという意思を示した場合、事業者は、その契約について勧誘を続けたり、再度勧誘の電話をしてはいけません。

契約を締結しない意思表示とは、「いりません」「興味がありません」「契約しません」といった言葉です。また、「もう電話しないでく

ださい」「迷惑です」という言葉や黙示で事業者とのやりとり自体を拒絶することも、契約を締結しない意思表示とみなされます。

書面には何を記載するのか

電話勧誘販売を行う事業者は、契約の申込時または締結時に、法律および主務省令に指定された事項が記載された書面を、遅滞なく消費者に交付しなければなりません（消費者の承諾がある場合は電磁的方法による提供でもかまいません）。「遅滞なく」とは、おおむね３〜４日以内のことを意味します。書面の交付には契約内容を明確にし、消費者が契約の意思決定を適切に行えるようにするねらいがあります。

指定されているおもな記載事項は、①商品・特定権利・役務の種類、代金・対価やその支払時期・方法、②商品引渡し、権利移転、役務提

■ 書面の記載事項と書面に記載してはいけない事項 ……………

申込書面または契約書面の記載事項	書面に記載してはいけない事項
① 商品・特定権利・役務の種類、代金・対価やその支払時期・方法 ② 商品引渡し、権利移転、サービス提供開始の時期 ③ クーリング・オフについて ④ 事業者の連絡先および代表者の氏名 ⑤ 担当者の氏名 ⑥ 契約の申込みまたは契約の締結をした年月日 ⑦ 商品の名前や型式、権利やサービスの内容 ⑧ 商品の数量 ⑨ 契約不適合責任および契約の解除に関する事項 ⑩ 特約がある場合には特約について	① 販売業者が契約不適合責任を負わないこと ② 購入者や役務の提供を受ける者から契約の解除ができないこと ③ 販売業者や役務提供事業者の帰責事由で契約が解除された場合における販売業者や役務提供事業者の義務に関し、民法の規定より購入者や役務の提供を受ける者に不利な内容 ④ その他法令に違反する特約

供開始の時期、③クーリング・オフについて、④事業者の連絡先および代表者の氏名、⑤担当者の氏名、⑥契約申込みの年月日または契約締結の年月日、⑦商品の名前・型式または権利や役務の内容、⑧商品の数量、⑨契約不適合責任および契約の解除に関する事項、⑩その他に特約を定めた場合にはその内容です。書面には、その内容を十分に読むべきことを赤枠の中に赤字で記載し、8ポイント以上の大きさの文字・数字を用いなければなりません。

なお、電話勧誘販売においては、①販売業者が契約不適合責任を負わないこと、②購入者等（購入者や役務の提供を受ける者）から契約の解除ができないこと、③販売業者や役務提供事業者の帰責事由で契約が解除された場合における販売業者や役務提供事業者の義務に関し、民法の規定より購入者等に不利な内容、④その他法令に違反する特約の記載が禁止されていることに注意を要します。

電話勧誘販売における禁止行為とは

特定商取引法では、電話勧誘販売における禁止行為を定めています（特定商取引法21条）。禁止行為は、以下の3つです。

① 不実の事項を告げる行為

② 故意に重要な事実を告げない行為

③ 威迫によって契約させるまたは解約をさせない行為

①または②に違反する行為があって、それにより事実を誤認して申込みやそれを承諾する意思表示をしてしまった場合は、その意思表示を取り消すことができますし、消費者契約法4条に基づいて取り消す（消費者の取消権）ことも可能です。

前払式電話勧誘販売の場合の注意点

電話勧誘販売で前払式の取引をする場合、契約の成立が不明確になりやすく、購入者等は履行がなされるかどうか不安な状況になります。

そこで、特定商取引法では、前払式の電話勧誘販売を行う場合、事業者に承諾等の通知義務を課しています。

承諾等の通知が必要になるのは、契約の履行に先立って代金や対価の一部または全部を受領する場合です。ただし、代金や対価の受領後に遅滞なく契約の履行がなされる場合は除きます。

承諾等の通知には、承諾をするかしないかをまず記載して、承諾する場合には商品の引渡時期（または権利の移転時期や役務の提供時期）を記載します。承諾をしない場合は返金の意思と返金方法を記載します。また、承諾の有無にかかわらず、事業者名と連絡先、受領済み金額、受領日、申込みを受けた商品名と数量（または権利や役務の内容）を記載します。この通知の書面も、申込時または契約時の書面と同様に、8ポイント以上の大きさの文字・数字で記載しなければなりません。

■ 電話勧誘販売についての特定商取引法の規制 ‥‥‥‥‥‥‥‥‥‥

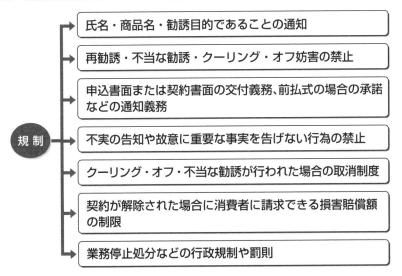

規 制

- 氏名・商品名・勧誘目的であることの通知
- 再勧誘・不当な勧誘・クーリング・オフ妨害の禁止
- 申込書面または契約書面の交付義務、前払式の場合の承諾などの通知義務
- 不実の告知や故意に重要な事実を告げない行為の禁止
- クーリング・オフ・不当な勧誘が行われた場合の取消制度
- 契約が解除された場合に消費者に請求できる損害賠償額の制限
- 業務停止処分などの行政規制や罰則

9 電話勧誘販売とクーリング・オフについて知っておこう

不意打ちで冷静に判断できなかった場合には解除する

電話勧誘販売でもクーリング・オフができる

電話勧誘販売は、ある日突然電話がかかってきて（もしくはかけるように要請されて）勧誘を受けるという「不意打ち性」があり、消費者が意に反して契約を結んでしまいがちな販売形態であるため、クーリング・オフ制度で消費者の保護をはかっています。クーリング・オフの制度自体は訪問販売と同様です。

電話勧誘販売におけるクーリング・オフは、①電話勧誘販売であること、②権利の購入契約の場合には特定権利（29ページ）であること、③法定の書面の交付を受けた日から起算して8日以内であること、④クーリング・オフの例外や適用除外事項に該当しないこと、の要件を満たした場合に行うことができます。

クーリング・オフの対象外のもの

電話勧誘販売で購入した商品などが、以下のいずれかに該当する場合、クーリング・オフは適用されません。

① 乗用自動車の電話勧誘販売

乗用自動車については、通常、その販売条件についての交渉が、事業者と購入者との間で相当の期間にわたって行われ、クーリング・オフの対象から除外されています。

② 政令指定消耗品を使用・消費してしまった場合

化粧品や殺虫剤など、使用・消費によって価値が失われてしまうとされている政令指定消耗品（46ページ）は、一部でも使用・消費するとクーリング・オフをすることができません。

③ 代金または対価が3000円に満たない場合

　購入した商品などの代金・対価が3000円未満の場合にはクーリング・オフをすることができません。

クーリング・オフをするとどうなるのか

　クーリング・オフが成立すると、申込みや契約はなされなかったことになり、以下のような効果が生じます。
① 購入者は、損害賠償や違約金を請求されない。
② 商品の引渡しや権利の移転があった後にクーリング・オフがなされた場合、その引き取りまたは返還の費用は事業者の負担となる。
③ 購入者は、すでに施設を利用したり役務の提供を受けたりしていたとしても、その使用料金などの対価を請求されない。
④ 事業者は、その契約に関連して受け取っている金銭があれば、これを返還しなければならない。
⑤ 契約の履行に伴って土地や工作物の現状が変更されている場合、購入者は無償での原状回復を請求できる。

　クーリング・オフの効果について消費者に不利になるような特約を定めても無効となります。

■ 電話勧誘販売でクーリング・オフが認められるための要件 …

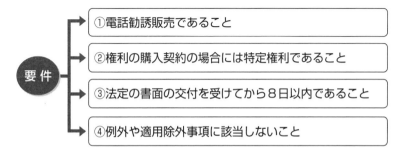

要件
- ①電話勧誘販売であること
- ②権利の購入契約の場合には特定権利であること
- ③法定の書面の交付を受けてから8日以内であること
- ④例外や適用除外事項に該当しないこと

特定商取引法が適用されない場合もある

すべての取引に特定商取引法が適用されるわけではない

特定商取引法が適用されないケースもある

訪問販売・通信販売・電話勧誘販売であっても、特定商取引法の適用が除外される（たとえば、特定商取引法が定めるクーリング・オフの制度の適用がなくなる）場合があります。適用除外となるケースは、特定商取引法26条で規定されています。大まかにいうと、消費者として保護する必要のない取引や、信用上問題がない取引、他の法律で保護が図られている取引は対象外になると考えてください。おもな適用除外のケースについて、以下で見ていきましょう。

・**購入者が営業として行う取引**

たとえば、訪問販売であっても申込者や購入者が「営業のために」もしくは「営業として」締結する取引には、特定商取引法は適用されません。特定商取引法は、事業者を規制して消費者を保護することを目的としている法律です。そのため、申込者や購入者が営業を行う者であれば、取引に充分慣れているといえますので、保護の必要はないと考えているのです。

また、営業に関する商取引の迅速性・安定性が妨げられることがないようにする、という意図もあります。

・**海外との取引**

海外にいる者に対する販売やサービス（役務）の提供といった取引について、特定商取引法は適用されません。

・**国や地方公共団体が行う取引**

一般の事業者ではなく、国や都道府県、市区町村が行う販売やサービスの提供といった取引は特定商取引法の対象外です。

・組織内部の取引

　事業者がその従業者に対して行う販売やサービスの提供や、労働組合などの団体がその構成員に対して行う販売やサービスの提供は特定商取引法の対象外です。

・他の法律で保護が図られている取引

　弁護士が行う役務の提供、金融商品取引、宅地建物取引、旅行業者の行う旅行役務の提供といった取引については、それぞれの取引の安全を図るための法律が別に存在するので、特定商取引法の対象外とされています。

訪問販売の規制が適用されない場合

　訪問販売の場合でも、その住居で契約を結ぶことを請求した消費者との間の契約には、特定商取引法が適用されません。

　また、販売業者やサービスの提供事業者が定期的に住居を巡回訪問し、勧誘を行わずに結ばれる契約についても、特定商取引法の訪問販売の規制が適用されないものとされています。

■ 特定商取引法の適用が除外されるおもな事項 …………………

除外の種類	例
おもな適用除外事由	①事業者間取引の場合 ②海外にいる人に対する契約 ③国、地方公共団体が行う販売または役務の提供 ④労働組合などが組合員に対して行う販売または役務の提供 ⑤事業者が従業員に対して行う販売または役務の提供 ⑥株式会社以外が発行する新聞紙の販売 ⑦他の法令で消費者の利益を保護することができる等と認められるもの
適用除外事由⑦の具体例	・弁護士が行う弁護士法に基づく役務の提供 ・宅地建物取引業法に基づいて宅地建物取引業者が行う商品（宅地建物）の販売または役務の提供

電話勧誘販売の規制が適用されない場合

電話勧誘販売では、以下の①または②に該当する場合は、電話勧誘販売の規制が適用されなくなります（適用除外）。具体的には、申込書面や契約書面の交付義務が生じない他、事実でないことを告げたり、故意に事実を告げなかったりした場合の行政処分・罰則の規定や、クーリング・オフ、損害賠償額の制限に関する規定も適用されなくなります。

① 消費者が「契約をしたいので電話をかけてきてほしい」と事業者に請求した場合の電話勧誘販売

適用除外となるのは、消費者が「契約の申込み」または「契約の締結」のための電話を、事業者に対して明確に請求した場合ですから、そのような意思が明確でない場合は適用除外になりません。つまり、「商品を購入したいのですが…」などと、契約の意思が消費者から明確に示された場合のみ適用除外の対象になります。これに対し、消費者が単なる問合せまたは資料請求のための電話を、事業者に対して請求したにとどまる場合は、適用除外になりません。

② これまで1年間に2回以上取引がある事業者と消費者との間での、電話勧誘による慣例的な取引

電話勧誘取引であっても、事業者と消費者の取引が継続的取引といえるような場合は、適用除外となります。

割賦販売法が優先的に適用される場合

電話勧誘販売や訪問販売では、代金をその場で支払うケースよりもローンを組んで分割払いで購入するというケースの方が多いでしょう。このように分割払いで商品を購入する場合、特定商取引法だけでなく割賦販売法の適用対象ともなるため、適用される規定が調整されています。

たとえば、特定商取引法では訪問販売や電話勧誘販売が解除された

際に、事業者が購入者に請求できる損害賠償の金額は一定限度に制限されていますが、その訪問販売や電話勧誘販売が割賦販売法の割賦販売に該当する場合には、特定商取引法の規定は適用されません。割賦販売法で同様の規定が置かれているため、購入者が不当に害される危険がないためです。

また、事業者の書面の交付義務については、特定商取引法と割賦販売法が重複して適用されることになります。

政令指定消耗品にクーリング・オフが適用されない場合

訪問販売と電話勧誘販売において、使用や一部の消費によって価額が著しく減少するおそれがある商品として政令で定められている健康食品や化粧品など（政令指定消耗品）は、使用または消費するとクーリング・オフ制度が適用されなくなります（47ページ）。たとえば、健康食品の封を開けて中身を少しでも食べてしまった場合には、クーリング・オフができなくなるので気をつけなければなりません。

■ クーリング・オフが認められないケース …………………………

・飲食店の飲食など提供が契約締結後すぐに行われるサービス
・自動車の契約など交渉が長期間行われる取引
・葬儀や生鮮食品など契約後速やかに提供しないと著しく利益が害されるサービス
・健康食品、化粧品など政令指定消耗品の取引で消費者が使用・消費した場合
・3000円（税込）未満の現金取引
・購入者が請求して購入者の自宅で行った取引や御用聞き、継続取引

クーリング・オフできない

特定商取引法に基づく表示

商品名	商品毎にウェブサイト上に表示しています。
代金	商品毎にウェブサイト上に表示しています。
送料	4,000円以上お買上げの場合は無料、その他の場合は全国一律400円をご負担頂きます。
代金支払方法	次のいずれかの方法によりお支払いください。 ①　クレジットカード番号を入力する。 ②　弊社指定の銀行口座へ振り込む。 ③　コンビニ決済の番号を取得してコンビニで支払う。 ④　商品を届ける宅配業者に現金で支払う。
代金支払時期	①　クレジットカードによるお支払いは商品発送の翌月以降に引き落とされます。 ②　弊社銀行口座へのお振込は商品発送前に前払いしてください。 ③　コンビニでのお支払いは商品発送前に前払いしてください。 ④　代金引換発送は商品お受取り時にお支払いください。
商品の お届け時期	代金引換の場合はお申込日から、その他の場合は決済日又は入金日から１週間以内に発送致します。
お申込後の キャンセル	お申込後のキャンセルはお受け致しかねます。
返品について	商品不具合以外を理由とする返品はお受け致しかねます。
事業者名	株式会社スズタロダイエット
所在地	東京都○○区○○１−２−３
電話番号	03−0000−0000
通信販売業務 責任者	鈴　木　太　郎

第4章

特定商取引法が
規制するその他の取引

1

連鎖販売取引について知っておこう

マルチ商法自体は違法でないが規制に従う必要がある

連鎖販売取引とは

　連鎖販売取引とは、消費者を販売員として勧誘し、さらにその人に次の販売員を勧誘させる形で、組織を連鎖的に拡大して行う商品やサービス（役務）の取引です。「マルチ商法」と呼ばれることが多いですが、最近では「ネットワークビジネス」と呼ばれることも増えています。

　たとえば、会員になると販売員として化粧品の販売が可能になる組織があるとします。販売員は商品の仕入代金の支払いが必要ですが、他人を勧誘して会員（販売員）にすると、仕入代金の一部が返還されるしくみがとられています。そのため、販売員は勧誘を熱心に行うので、組織は拡大していきます。

　しかし、実際には連鎖販売取引によって利益が得られるのは、販売組織の上層部にいる限られた人たちのみです。組織が大きくなるのに比例して会員を増やしていくことは難しくなるのが実情です。そこで、会員となる消費者を保護するために、連鎖販売取引は特定商取引法で規制されているのです。

ネズミ講との違い

　ネズミ講とは、金銭を支払って加入した人が、他に2人以上の加入者を紹介・あっせんし、その結果、出費した額を超える金銭を後で受け取るというものです。ネズミ講は「無限連鎖講の防止に関する法律」に違反する行為です。

　連鎖販売取引もネズミ講と似たシステムで、組織の販売員になり、

自分の下位に販売員を増やすことで利益を得ます。連鎖販売取引とネズミ講は、組織の形態としては基本的に同じですが、連鎖販売取引は商品や役務の販売組織であり、販売という実体があります。

そのため、ネズミ講が全面的に違法（禁止）であるのに対し、連鎖販売取引は販売方法自体は違法ではないが、特定商取引法で規制を加えるという対応がとられています。

規制対象となる取引とは

以下の要件をすべて満たす販売形態が連鎖販売取引です。

① 物品の販売もしくは有償での役務の提供

前述したネズミ講と区別するために重要となる要件です。

「物品」には、商品などの動産が含まれる他、「施設を利用し又は役務の提供を受ける権利」も含まれますが、土地・建物といった不動産は含まれないとされています。

「販売」には、おもに対価の支払いによって所有権が相手に移転することが含まれ、レンタルやリースは含まれないとされています。

役務の提供は、有償によるものが規制対象となります。

■ 連鎖販売取引のしくみ

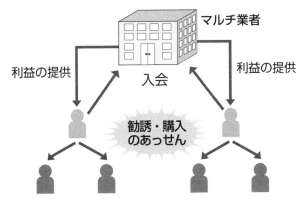

② 再販売、受託販売もしくは販売のあっせん、役務の提供もしくは
そのあっせんをする者の誘引

　再販売とは、販売目的で購入し、後にそれを別の相手に販売するこ
とです。たとえば、化粧品の消費目的だけではなく、別の誰かに対す
る販売目的でも購入した場合は、再販売目的での購入ということにな
ります。

　受託販売とは、商品の所有者から委託を受けてその商品を販売する
ことです。特定商取引法では、物品の再販売、受託販売もしくは販売
のあっせんに関する誘引（勧誘）を行うことを規制対象としています。

　さらに、役務の提供もしくはそのあっせんに関する誘引を行うこと
も、同じように規制対象となります。

③ 特定利益が得られると誘引

　特定利益とは、組織に入り商品の購入や役務の利用をさせたり、
あっせんしたりすることで得られる利益です。連鎖販売取引では特定
利益が得られることを売り文句として、消費者を組織に勧誘します。
たとえば、「会員を増やして化粧品を購入させることができれば、代
金の10％が手に入る」というケースでは、この10％の報酬が特定利益
にあたります。

　その他、よくある例としては、会員を増やすことで得られる利益や、
自分の獲得した会員や自分より下位にいる組織の会員の売上げに応じ
て得られる利益なども特定利益とみなされています。このような利
益になるお金は、入会金以外にも、取引料、保証金、加盟料などのさ
まざまな名前が使われますが、似たような性質を持っていれば、これ
らを得ることはすべて特定利益と扱われます。

④ 特定負担を伴う取引

　特定負担とは、商品の購入や役務の対価の支払い、または取引料
（組織への参加や取引条件の変更の際に支払われる金品）の提供を意
味します。たとえば、組織の入会時に必要な入会金や保証金、組織の

中で地位の変化に伴って支払うお金や、自分が商品を販売するために必要な購入代金や経費といった出費など、その名前はさまざまです。

特定負担については、かつては2万円より低い金額であれば、連鎖販売取引にはあてはまらないとされていましたが、現在では金額の条件は撤廃されているので、金額を問わず規制対象となり、クーリング・オフも可能になっています。

■ 連鎖販売取引の当事者とは

連鎖販売取引には、統括者、勧誘者、一般連鎖販売業者、無店舗個人といった人物が関係していきます。

統括者とは、「一連の連鎖販売業を実質的に統括する者」を指します。たとえば、販売業務の指導や契約約款を作成した人であり、事実上の経営トップが統括者となります。

勧誘者とは、説明会で勧誘を行うなど、「統括者が連鎖販売取引について勧誘を行わせる者」を指します。

一般連鎖販売業者とは、「統括者または勧誘者以外の連鎖販売業を行う者」のことです。一般連鎖販売業者のうち、店舗やそれに類似する設備以外の場所で取引を行う個人のことを無店舗個人といい、特定商取引法上の保護の対象になります。

■ 連鎖販売取引に対する規制 ·····································

2

連鎖販売取引の規制について知っておこう

連鎖販売取引にはさまざまな規制が設けられている

連鎖販売取引の書面交付義務とは

連鎖販売取引において義務付けられている書面には概要書面と契約書面があります。なお、令和３年成立の特定商取引法改正で、交付の相手方の同意を条件に、書面を交付する代わりに電磁的方法によって提供すること（電子メールの送信など）が可能になりました。

① 概要書面について

連鎖販売業を行う者が、会員となろうとする消費者（連鎖販売取引に伴う特定負担をしようとする無店舗個人に限ります）との間で、特定負担について契約しようとするときは、契約締結前に、主務省令に定められた連鎖販売業の概要を説明する事項を記載した書面を交付しなければなりません。

② 契約書面について

契約書面は、連鎖販売契約（連鎖販売業に関する連鎖販売取引についての契約）の締結後、遅滞なく（通常２～３日以内）交付しなければなりません。その記載方法は、概要書面と同様、赤枠赤字の注意記載（書面をよく読むべきことの記載）、文字サイズ８ポイント以上といった規制があります。

契約書面には何を記載するのか

連鎖販売契約を締結した場合、連鎖販売業を行う者が会員となった消費者（無店舗個人に限ります）に対して交付する契約書面には、おもに以下の事項を記載する必要があります。

なお、概要書面と契約書面は別個に交付する必要があり、片方だけ

を交付するという取扱いは特定商取引法違反です。

① **統括者や連鎖販売取引を行う者の名前・住所・電話番号**

　連鎖販売取引を行う者が統括者でない場合、その者の氏名（名称）、住所、電話番号もあわせて記載します。

② **商品や役務の種類など**

　たとえば、販売するのが商品の場合は、商品の種類、性能、品質に関する事項を記載します。

③ **販売条件に関する事項**

　商品の再販売、受託販売もしくは販売のあっせんや、役務の提供もしくはそのあっせんに関する条件を記載します。

④ **特定利益の内容など**

　特定利益の内容を記載します。反対に、特定負担の内容は概要書面に記載しますが、特定負担以外の義務の内容は契約書面に記載します。

⑤ **契約解除に関する記載**

　連鎖販売契約に関する重要な事項は概要書面に記載します。しかし、クーリング・オフや中途解約などの契約解除に関する事項は、契約書面にもあわせて記載します。特にクーリング・オフについては、契約

■ 概要書面と契約書面 ………………………………………………

概要書面
→契約締結前に消費者に説明するための書類
（例）商品の種類・性能・品質は、重要事項の記載で足りる

契約書面
→契約を締結したときに消費者に交付する書類であるため、概要書面よりも詳しい記載がなされている
（例）商品の種類・性能・品質は、重要事項に限らず、具体的かつ詳細に記載することが求められる

書面の交付日を1日目として20日間がクーリング・オフの対象期間であることを記載します。

⑥　抗弁権の接続に関する事項

割賦販売法に基づく抗弁権の接続（販売会社に対して主張できることはクレジット会社に対しても主張できるということ）について記載します。

⑦　法令に規定される禁止行為

特定商取引法では、後述する不実告知や故意の事実不告知を禁止していますが、これらの禁止行為に違反していないことを記載します。

不実告知・故意の事実不告知とは

連鎖販売取引では、消費者を勧誘する際に、または契約締結後に消費者が契約解除をするのを妨げるために、重要事項に関して事実と異なる内容を告げること（不実告知）や、消費者の判断に影響を及ぼす重要事項に関して故意に事実を告げないこと（故意の事実不告知）が頻繁に起こっています。特定商取引法では、統括者や勧誘者などによる不実告知や故意の事実不告知を禁止しています。

不実告知とは、ウソを言うこと、故意の事実不告知とは不利な事実をあえて告げないことです。販売物の品質や性能に関してウソを言うことや、入会して儲かった会員の例だけを説明し、損した会員の例をあえて話さないことも禁止されます。

さらに、販売する商品の種類・品質・性能に関する事項だけでなく、特定負担、特定利益、契約解除の条件なども重要事項にあたるため、これらに関する不実告知や故意の事実不告知が禁止されます。たとえば、クーリング・オフの行使を妨げるために、「この取引はクーリング・オフができない」とウソのことを伝える行為が禁止されます。

その他禁止されている勧誘行為

消費者への勧誘時などに以下の行為をすることも禁止されています。

① 威迫行為

勧誘の際や契約解除を妨げるために消費者を威迫して（おどして）困惑させることが禁止されます。

② 勧誘目的を伝えずに行う勧誘

連鎖販売取引の勧誘であることを告げずに店舗などに消費者を誘い込むことが禁止されます。

広告する場合の注意点

連鎖販売取引の広告をする場合は、下図の事項を記載することが必要です。連鎖販売取引も通信販売と同様にオプトイン規制であるため、事前に承諾していない人への広告メールの送信は認められません（オプトイン規制）。

■ 連鎖販売取引について広告を出す場合の表示事項 ……………

① 商品や役務などの種類
② 特定負担に関する事項
③ 特定利益について広告を行う場合には、その計算方法
④ 統括者等（統括者、勧誘者、一般連鎖販売業者）の氏名（名称）、住所、電話番号
⑤ 法人がインターネットを利用して広告を行う場合には、当該統括者等の代表者または連鎖販売業に関する業務の責任者の氏名
⑥ 商品名
⑦ 電子メール広告をするときは、統括者等の電子メールアドレス

3

連鎖販売取引とクーリング・オフについて知っておこう

連鎖販売取引のクーリング・オフ期間は20日間

クーリング・オフは書面交付から20日以内にすればよい

　連鎖販売取引にもクーリング・オフ制度が導入されています。連鎖販売取引のクーリング・オフ期間は20日間であり、訪問販売や電話勧誘販売の8日間と比べて長めに設定されています。具体的には、連鎖販売取引のクーリング・オフ期間は、消費者（無店舗個人に限ります）が契約書面を受け取った日（起算日）から起算して20日間です。契約書面が交付されていても、記載事項に不備がある場合には、不備のない書面が交付されるまでは20日間のカウントが始まりません。

起算日の例外とは

　連鎖販売取引では、契約書面の交付後しばらくしてから商品が送られてくることがあります。その場合、大量の商品を見て不安になり、クーリング・オフをしたいと思っても、契約書面の交付から20日間が経過していることが考えられます。

　そこで、契約書面の交付よりも商品の引渡しが後になる場合には、例外として、最初の商品引渡日をクーリング・オフ期間の起算日とすることが定められています。

　クーリング・オフ妨害があった場合は、妨害の解消後、再交付書面を受け取った日から起算して20日間クーリング・オフが認められます。

クーリング・オフの効果

　クーリング・オフをするには、期間内に契約解除（または申込取消し）の意思を書面により明示します。クーリング・オフは書面を発信

した時点から効力を生じます（発信主義）。発信した日付や内容を証明するために、通常は内容証明郵便を利用します。

　なお、令和3年成立の特定商取引法改正で、クーリング・オフの通知について、書面ではなく電磁的方法（電子メールの送信など）で行うことが可能となりました。

　クーリング・オフが成立すると、事業者から損害賠償や違約金を請求されることなく契約が解除されたものとみなされます。また、契約が解除されることに伴って、事業者と消費者の両方に原状回復義務（すべての状態を元に戻す義務）が生じます。したがって、消費者が引渡しを受けた商品は、事業者に引き渡さなければなりませんが、その場合であっても消費者は引取費用を負担する必要はありません。契約書面などに損害賠償や違約金、引取費用などを消費者が負担する特約のように、法律が定める以上に消費者にとって負担となるような特約があっても、それらは無効となります。

■ 特定商取引法の各取引とクーリング・オフ ……………………

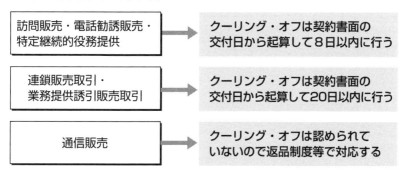

訪問販売・電話勧誘販売・特定継続的役務提供
→ クーリング・オフは契約書面の交付日から起算して8日以内に行う

連鎖販売取引・業務提供誘引販売取引
→ クーリング・オフは契約書面の交付日から起算して20日以内に行う

通信販売
→ クーリング・オフは認められていないので返品制度等で対応する

契約者を保護する制度について知っておこう

高額の損害賠償の予定は無効である

連鎖販売契約の中途解約とは

　連鎖販売契約（連鎖販売取引に関する契約）を結んで組織に加入して会員になった消費者（無店舗個人に限ります）は、契約書面の受領日から起算して20日を経過してクーリング・オフができないとしても、いつでも自由に連鎖販売契約を中途解約する権利が認められています。この場合、事業者の消費者に対する損害賠償額に制限が設けられているため、損害賠償額の予定や違約金の定めに関する不当な特約は無効となります。

商品販売契約の解除とは

　連鎖販売契約を中途解約して退会した人は、入会後1年以内の消費者（無店舗個人に限ります）であること、引渡しから90日を経過していない商品であることなどの条件を満たせば、連鎖販売取引に関する商品の販売契約を解除することもできます。

　商品販売契約に高額な損害賠償の予定や違約金の特約があると、消費者の負担が大きく解除できないおそれがあるため、損害賠償額に制限が設けられています。具体的には、契約時に損害賠償額の予定や違約金の特約があっても、消費者に対して、以下の①または②の額に法定利率による遅延損害金を加えた金額を超える支払請求はできません。

① 商品が返還された場合または引渡し前である場合は、商品の販売価格の10％に相当する額

② 商品が返還されない場合は、商品の販売価格に相当する額

　これにより、退会したが大量の商品の代金支払いが負担となってい

る人や、大量の商品を抱えているために退会をためらっている人も保護されます。なお、この特定商取引法の規定は、連鎖販売業についての商品や役務を割賦販売により販売・提供する場合には適用されません。割賦販売の形態をとるものについては、その特殊性を勘案した割賦販売法の規定を適用することが適当とされているからです。

連鎖販売契約の取消しができる場合

　統括者や勧誘者などによる故意の事実不告知または不実告知により消費者（無店舗個人に限ります）が事実を誤認し、それによって連鎖販売契約をしたと認められる場合には、その契約を取り消すことができます。取消権の行使期間は、事実誤認に気づいた時から1年間または契約締結時から5年間です。

　ただし、取り消される事実があることを知らず、かつ、知らないことに過失がなく取引関係に加わった第三者に対しては、連鎖販売契約の取消しを主張できません。

■ 連鎖販売取引で契約をとりやめる方法 ······························

契約をとりやめる方法

- 契約書面の交付日から起算して20日以内であればクーリング・オフが可能
- クーリング・オフ期間経過後であっても中途解約権を行使して、会員をやめることができる
- 不実告知や故意の事実不告知などが原因で連鎖販売契約に加入した場合には取消権を行使できる
- 民法の詐欺や消費者契約法の消費者による取消権の行使が認められるケースもある

特定継続的役務提供について知っておこう

エステなど7業種が該当する

特定継続的役務とは

　特定継続的役務とは、役務（サービス）の提供を受ける者の身体の美化や、知識・技能の向上などの目的を実現させることをもって誘引されるが、その目的の実現が確実でないという特徴を持つ有償の役務のことです。特定商取引法の規制対象となるのは、以下の①～⑦の役務の提供に限られています。

　なお、①～⑦の役務を直接提供すること以外にも、その提供を受ける権利を販売する場合も、同様に特定商取引法の適用を受けます。

① **エステティックサロン**

　美顔・脱毛・痩身などを目的とした施術を行う役務です。

② **美容医療**

　美顔・脱毛・痩身などを目的とした治療（医学的処置、手術など）を行う役務です。

③ **語学教室**

　英語・フランス語・中国語など、さまざまな語学の指導をする役務です。生徒を教室に集めて行う指導だけでなく、インターネットや電話を通じた指導も規制対象です。外国語（日本語以外）だけでなく、日本語の指導も語学指導に含まれ、規制対象になります。

　なお、入学試験対策のための語学指導は、下記の学習塾や家庭教師に該当するものとして、特定商取引法の適用を受けます。

④ **学習塾など**

　事業者が用意した場所（教室など）において、入学試験対策（幼稚園・小学校の入試対策、「お受験対策」を除く）や補習を目的として、

学校（幼稚園・大学を除く）の児童生徒または学生を対象に勉強を教える役務です。資格取得を目的とする場合や就職セミナーは含まれません。「学習塾」については、高校生と浪人生の両方を対象とした役務提供は対象となりますが、浪人生のみを対象とした役務提供は対象外となります。

⑤　家庭教師など

　入学試験対策（幼稚園・小学校の入試対策、「お受験対策」を除く）や学校教育（大学・幼稚園を除く）の補習のために勉強を教える役務で、「学習塾など」とは異なり、事業者が用意した場所以外の場所において行われるものです。インターネットや電話での指導も含まれます。

⑥　パソコン教室

　パソコンの操作に関する知識や技術を指導する役務です。パソコンの操作が求められる業務が増えており、それに伴いパソコン教室も増えているので、規制対象になっています。

⑦　結婚相手紹介サービス

　結婚を希望する人に異性を紹介する役務です。

■ 特定継続的役務提供の種類 ……………………………………………

種　類	役務が提供される期間(指定期間)	支払った金額(指定金額)
エステティックサロン	1か月を超える期間	総額5万円を超えるもの
美容医療		
語学教室	2か月を超える期間	
家庭教師		
学習塾		
パソコン教室		
結婚相手紹介サービス		

指定期間・指定金額を超える取引に適用される

　特定商取引法が適用される特定継続的役務提供については、一定の提供期間（指定期間）を超え、かつ、一定の金額（指定金額）を超えるものに限定されています。

① 指定期間

　指定期間は、エステティックサロンと美容医療は1か月を超える提供期間、それ以外は2か月を超える提供期間です。通常は役務開始日から提供期間を計算します。開始日が定められていない場合は契約締結日から計算します。提供期間の算出について、チケット制の場合はチケットの有効期限までが提供期間となります。提供期間を更新した場合や、前契約と更新後の契約が一体であるとみなされる場合は、前後の期間を合算して提供時間を算出します。

② 指定金額

　指定金額は、すべての役務で5万円を超えるものです。この金額は総額であるため、施設費や入会金も含めて考えます。

関連商品とは

　特定継続的役務提供の関連商品とは、役務を受ける消費者が購入する必要がある商品として政令で定めるものをいいます。たとえば、エステティックサロンであれば、石けんや化粧品、下着、健康食品、美顔器などが関連商品に含まれます。

　関連商品は、消費者が望んでいないのに強引に買わされたり、解約の際に返品をめぐってトラブルになったりすることが多いため、関連商品の売買契約として規制が設けられています。具体的には、概要書面や契約書面に関連商品を記載しなければならず、関連商品のクーリング・オフや中途解約も認められます。

特定商取引法が適用されない特定継続的役務提供

　特定商取引法の規制対象である特定継続的役務提供であっても、その規制の適用が除外されるケースがあります。具体的には、特定継続的役務に該当する役務を提供する契約であっても、以下のいずれかに該当する場合には、特定商取引法の規制が適用されません。事業者として規制する必要性がない取引や、他の法律で保護されているものが、規制の対象から外れるということになります。

・購入者が営業として行う取引（事業者間取引）
・海外在住者との取引
・国や地方公共団体が特定継続的役務の提供を行う場合
・労働組合などが組合員に対して特定継続的役務の提供を行う場合
・事業者が従業員に対して特定継続的役務の提供を行う場合

■ 特定継続的役務の種類と関連商品 ……………………………………

特定継続的役務	関連商品
エステティックサロン	●健康食品、栄養補助剤など　●化粧品、石けん、浴用剤 ●下着　●美顔器、脱毛器など
美容医療	●健康食品、栄養補助剤など　　●化粧品 ●マウスピース、歯牙の漂白剤 ●美容目的の医薬品や医薬部外品
語学教室 家庭教師 学習塾	●書籍　●カセット・テープ、CD-ROM、DVD　など ●ファクシミリ装置、テレビ電話装置
パソコン教室	●電子計算機、ワードプロセッサー（これらの部品及び附属品） ●書籍　●カセット・テープ、CD-ROM、DVD　など
結婚相手紹介サービス	●真珠、貴石、半貴石　●指輪その他の装身具

特定継続的役務提供の規制について知っておこう

広告や勧誘には特定商取引法の適用がある

たとえばどんなケースなのか

広告に「半年通えばあなたも必ずやせて美しくなる」という宣伝文句があって、説明を聞いてみると「絶対成果がでますよ」「今すぐ始めなければ手遅れですよ」などと誘引されて契約し、エステティックサロンに通い始めたとします。

しかし、当然効果には個人差があるため、思うような効果が得られないこともあるでしょう。そこで、途中でやめたいと思った場合に解約できるのかが問題になります。

また、そもそも広告内容が誇大表示であって、「必ずやせる」と思い込んだことや、強引な勧誘が契約をした原因だったとすると、事業者の責任も問題になります。

広告規制とは

特定継続的役務提供は、その特性から広告でいかに魅力的に宣伝するかが売上げに大きく関わるため、事業者はテレビCMやインターネット広告など多数の広告を展開し、消費者の関心を集めようとします。

広告で問題となるのは、役務の内容や金額、事業者の氏名などについてウソを含む広告です。これは「著しく事実に相違する表示」として禁止されます。この他にも、「実際のものよりも著しく優良であり、若しくは有利であると人を誤認させるような表示」も禁止されます。これらを誇大広告等の禁止といいます。

たとえば、著名な人物（有名人）を広告塔として使用する場合、その有名人が実際には役務の提供を受けていないのに「俳優の○○さ

んが愛用」「歌手の○○さんが絶賛」などとする表示は禁止されます。また、信用を高めるために、勝手に「○○省の推薦を受けている」「○○省も効果を認めている」などと公的機関の名称を用いることも禁止されます。

　もしこれらの広告内容について疑念を持たれた場合には、主務大臣が事業者に対して、その広告内容に対する合理的な証拠資料を提出するよう求めることができます。

　証拠が提出できないときは、誇大広告等にあたるとみなして、その広告を規制することができます。具体的には、主務大臣による指示、業務停止、業務禁止の対象となる他、罰則が科されることもあります。

┃ 書面交付義務とは

　特定継続的役務提供の場合、書面を交わして事業者と消費者が情報や意思を正しく伝え合うことが重要です。そこで、書面の交付については、概要書面と契約書面という形で2段階に分けて交付することが義務付けられています。なお、消費者の承諾を得たときは、書面の交付に代えて電磁的方法によって提供することが認められます。

　概要書面と契約書面の記載内容は後述しますが、書面の記載内容は契約の重要事項ですから、確実に消費者が読んでくれるよう工夫することが求められます。たとえば、文字の大きさは8ポイント以上でな

■ 特定継続的役務提供についての誇大広告の禁止 ·················

> 役務の内容・目的、著名な人物の関与、販売価格、支払の時期や方法、役務の提供期間、事業者名やその連絡先、負担金

誇大広告等の禁止

著しく事実に相違する表示（偽りの広告）をしてはならない
実際のものよりも著しく優良であり、または有利であると、消費者を誤認させるような表示（優良誤認・有利誤認の広告）をしてはならない

ければならず、書面の内容を十分に読むべきであることを赤枠の中に赤字で記載しなければなりません。契約書面の場合は、特にクーリング・オフに関する事項を赤枠の中に赤字で記載することが必要です。

概要書面の交付

消費者が契約をするかしないかを決定する前に、書面によって十分な情報を示さなければなりません。広告やチラシを渡すだけでは足りず、具体的な契約内容を示したものでなければなりません。ここで交付される書面を概要書面といいます。概要書面には、事業者の氏名（名称）、役務の内容・提供期間、クーリング・オフに関する事項、中途解約に関する事項、前受金の保全などについて記載します（次ページ図）。

契約書面の交付

契約を締結した場合には、遅滞なく契約書面を交付しなければなりません。ここで交付される書面を契約書面といいます。

契約書面の記載事項は、概要書面の記載事項と共通する部分が多いものの、提供する役務（サービス）の内容をより具体的に詳しく記載するとともに、契約締結年月日、契約締結担当者の氏名なども記載します。契約書面の記載事項は以下のとおりです。

① 役務の内容、関連商品（購入する必要のある商品）がある場合にはその商品名
② 役務の対価など、役務を受ける者が支払う金銭の額
③ 金銭の支払時期と支払方法
④ 役務の提供期間
⑤ クーリング・オフに関する事項
⑥ 中途解約に関する事項
⑦ 事業者の氏名（名称）、住所、電話番号、法人の場合は代表者の

氏名

⑧　契約締結担当者の氏名

⑨　契約締結年月日

⑩　関連商品（購入する必要のある商品）がある場合には、その種類
や数量

⑪　割賦販売法の抗弁権の接続に関する事項

⑫　前受金保全措置の有無、措置を講じている場合にはその内容

⑬　関連商品（購入する必要のある商品）がある場合にはその商品を
販売する者の連絡先

⑭　特約がある場合にはその内容

　なお、概要書面や契約書面を交付しなかった、虚偽記載をした、記
載に不備があったなどの違反行為に対しては、主務大臣による指示、
業務停止、業務禁止の対象となる他、罰則が科されることもあります。

■ **概要書面の記載事項** ···

① 事業者の氏名（名称）、住所、電話番号、法人であれば代表者の氏名

② 役務の内容

③ 購入が必要な商品（関連商品）がある場合にはその商品名、種類、数量

④ 役務の対価（権利の販売価格）、その他支払うべき金銭（概算金額）

⑤ ④の金銭の支払時期、方法

⑥ 役務の提供期間

⑦ クーリング・オフに関する事項

⑧ 中途解約に関する事項

⑨ 割賦販売法に基づく抗弁権の接続に関する事項

⑩ 前受金の保全措置の有無、措置を講じている場合にはその内容

⑪ 特約がある場合にはその内容

勧誘などの規制とは

広告だけでなく勧誘などにも特定商取引法の規制があります。

具体的には、契約締結について勧誘を行う際、一定の事項につき故意に事実を告げないこと（故意の事実不告知）が禁止されます。また、契約締結について勧誘を行う際、または契約締結後に消費者が契約解除をするのを妨げるために、一定の事項につき事実と異なる内容を告げること（不実告知）も禁止されます。「一定事項」とは、①役務の種類、内容、効果など、②関連商品の有無、③関連商品の種類など、④役務提供期間、⑤支払うべき費用や支払方法、⑥中途解約などの契約解除に関する事項などです。

そして、不実告知や故意の事実不告知については、主務大臣は事業者に合理的な根拠を示す資料の提出を求めることができ、提出がない場合には、不実告知や故意の事実不告知があったとみなされます。

その他、契約締結について勧誘を行う際、または契約締結後に消費者が契約解除をするのを妨げるために、消費者を威迫して困惑させる行為も禁止されます。

クーリング・オフの要件と効果

クーリング・オフの要件は、①特定継続的役務提供の契約であること、②契約書面の受領日を含めて８日以内であること、③書面または電磁的方法によって契約解除の意思を表示することです。これらの要件を満たせば、消費者は無条件で契約解除ができます。

また、関連商品を購入した場合は、主契約だけのクーリング・オフでは消費者を救済できないことが多いため、主契約のクーリング・オフがなされた場合で、契約書面の受領日を含めて８日以内などの要件を満たせば、主契約とともに、関連商品のクーリング・オフが認められます。主契約と同時に関連商品のクーリング・オフをすることも可能です。ただし、使用して返品不可能な場合など、クーリング・オフ

ができない場合もあります。

　クーリング・オフが成立すると、消費者は支払義務がなくなり、受領した商品の返還義務が生じますが、引取費用は事業者負担です。事業者は、損害賠償や違約金などの請求ができず、受領した金銭を速やかに消費者に返還する義務を負います。

　なお、クーリング・オフの通知については、書面ではなく電磁的方法（電子メールの送信など）で行うことも可能です。もっとも、メールアドレスが不明な場合などは、書面を用いる必要があるでしょう。

▌不実告知や故意の事実の不告知による契約の取消し

　事業者による不実告知や故意の事実不告知があり、その結果、消費者が誤認して契約をした場合、事実誤認に気づいた時から１年間または契約締結時から５年間、その契約の取消しができます。ただし、取消しの事情につき善意無過失で取引関係に加わった第三者に対しては、契約の取消しの主張ができません。

■ 関連商品のクーリング・オフ ……………………………………………

契約書面を受け取った日から起算して８日以内なら
クーリング・オフできる

また

消費者が購入した関連商品についても原則として
クーリング・オフできる

ただし

①健康食品、②化粧品・石けん・浴用剤、
③美容医療の関連商品を使用した場合は
クーリング・オフできない

※関連商品の種類については103ページ図参照

7 特定継続的役務提供契約の中途解約権とは

クーリング・オフ期間が経過しても契約解除ができる

たとえばどんなケースなのか

たとえば、エステ契約（施術契約）を結んだものの、途中で止めようと思った場合、契約を解除することになります。

しかし、エステ業者側が「契約から1か月経過しているため、クーリング・オフは適用されません。また、契約書には中途解約不可の記載があるため、中途解約に応じることもできません」と主張し、中途解約を拒否することがあります。契約後1か月ということは、クーリング・オフ期間（8日間）を過ぎてしまっているため、クーリング・オフを行使することはできません。

特定商取引法ではエステのような継続的サービス（特定継続的役務提供）に対し、中途解約権というものを認めています。この権利を行使すれば、特定継続的役務提供契約を将来に向かって解除することができます。事業者が作成した契約書内に「中途解約不可」などの記載があったとしても、そのような約定に効力は認められません。

ただし、中途解約に際して事業者から損害賠償請求を受けた場合は、一定限度額の支払が必要です（113ページ）。

中途解約とは

特定商取引法では、中途解約のことを「クーリング・オフ期間経過後、将来に向かって解除できる制度」と位置付けています。中途解約の規定で消費者に不利な変更は認められません。エステサービスなどの契約書に中途解約は認められないという記載があったとしても、その記載は無効です。事業者によっては、中途解約における損害賠償の

額を契約書に規定していることがありますが、その場合も特定商取引法（または消費者契約法）の規定が優先します。

中途解約権を行使するには

　中途解約権を行使するために、消費者側に求められる特別な条件はありません。消費者が事業者に対し、中途解約の意思を示すだけで十分です。さらに、中途解約のための特別な理由も必要ありません。つまり「単に気が変わった」という理由だけでも中途解約権を行使できることになります。この場合は、事業者よりも消費者の方に問題があるため、特定商取引法においても、事業者が消費者に対して一定限度の損害賠償請求をすることを認めているのです（113ページ）。

　事業者は消費者の中途解約権の行使を拒否できません。契約書内に「中途解約不可」と記載していても、その記載は無効です。注意しなければならないのは、口頭での中途解約権の行使は、後々のトラブルにつながりかねないということです。

　事業者側が「中途解約の話など全く聞いていません」と主張すると

■ **特定継続的役務提供契約と消費者の中途解約権の行使** ………

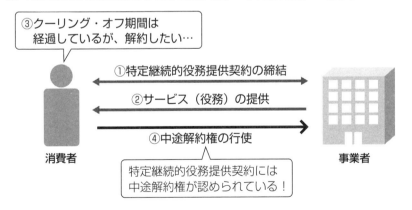

③クーリング・オフ期間は
　経過しているが、解約したい…

①特定継続的役務提供契約の締結

②サービス（役務）の提供

④中途解約権の行使

消費者

特定継続的役務提供契約には
中途解約権が認められている！

事業者

裁判沙汰になってしまいます。そのような事態を避けるため、消費者側は、中途解約の通知は必ず書面で行う必要があります。

▌中途解約をするとどうなる

中途解約の意思表示を事業者に対して行うと、契約が将来に向かって効力を失います。消費者の支払義務はなくなり、事業者もサービスを提供し続ける必要はありません。

たとえば、半年間30万円のエステコースに関する契約について中途解約を実行すると、将来支払うべきだった金額が返還されます。ただし、すでに受けたサービスに対する対価は戻ってきません。

また、解約した時点で1か月分のサービスを受けてしまっていたとすると、1か月あたりの支払額は30万円÷6＝5万円なので、最初の1か月分に相当する5万円に関しては戻ってきません。一方、残りの25万円（契約残額）は全額返還されます。

そして、特定継続的役務提供契約が中途解約された場合、役務の提供を受けるにあたって消費者が購入した関連商品の売買契約も、あわせて中途解約することができます。

▌事業者から消費者への損害賠償請求額

消費者から中途解約権の行使を受けた事業者は、その消費者に対して損害賠償請求ができます。もちろん、サービスの対価すべての請求はできません。特定商取引法では、サービスごとに請求できる損害賠償金の限度額（上限）が定められています。

エステサービスの場合は「2万円または契約残額の10％」が損害賠償の限度額です。語学教室の場合は「5万円または契約残額の20％」、家庭教師の場合は「5万円または1か月分の授業料」、パソコン教室の場合は「5万円または契約残額の20％」が損害賠償金の限度額とされています。

精算の際の注意点

中途解約を行う場合に重要なのは、事業者が交付する概要書面や契約書面（交付書面）に記載された精算方法の確認です。契約の前後に交付書面が作成されているはずなので、必ず確認します。そして、交付書面に記載された精算方法に基づき、それぞれのケースにおいて、事業者による消費者への損害賠償請求が認められるかどうかを判断することになります。

その上で、交付書面に記載された精算方法が明確で妥当なものといえるかどうかを検討します。事業者が、サービスの内容や対価から見て不合理な内容を定めている場合、精算方法を無効にできる場合がありますので、消費者としては必ずチェックする必要があります。

■ 中途解約した場合に消費者が支払う損害賠償金の限度額 ……

特定継続的役務	サービス提供前の解約	サービス提供後の解約
エステティックサロン	2万円	2万円と契約残額の1割を比較して低い方の金額
美容医療	2万円	5万円と契約残額の2割を比較して低い方の金額
語学教室	1万5000円	5万円と契約残額の2割を比較して低い方の金額
家庭教師	2万円	5万円と1か月分の月謝相当額を比較して低い方の金額
学習塾	1万1000円	2万円と1か月分の月謝相当額を比較して低い方の金額
パソコン教室	1万5000円	5万円と契約残額の2割を比較して低い方の金額
結婚相手紹介サービス	3万円	2万円と契約残額の2割を比較して低い方の金額

8 業務提供誘引販売取引について知っておこう

内職商法が業務提供誘引販売取引の代表例

業務提供誘引販売取引とは

業務提供誘引販売取引とは、商品や役務（サービス）を利用することによって利益を受けられることを誘い文句として、一定の金額を消費者に負担させ、その商品の販売、役務の提供やこれらのあっせんを行う取引のことです。具体的には、以下の3つの要件をすべて満たす取引のことを指します。

① 商品の販売または有償で行う役務の提供（それらのあっせんを含む）の事業であって

② 業務提供利益が得られると消費者を誘引し

③ その消費者と特定負担を伴う取引をするもの

業務提供誘引販売取引の代表例といわれるのが「内職商法」「モニター商法」です。業務提供誘引販売取引でトラブルの要因となるのが、「内職によって利益が得られると信じたから道具を購入したのに、実際はたいして儲からない」「約束した商品のモニター料の支払いがない」というものです。

特定負担とは

特定負担とは、業務提供誘引販売取引をするために消費者が抱える金銭的負担のことです。具体的には、①商品の購入の対価の支払い、②役務の対価の支払い、③取引料の提供のことを意味します。たとえば、内職をすることで利益を上げられることを誘い文句にし、消費者にパソコンやパソコンソフトを購入させた場合には、そのパソコンやパソコンソフトの代金が①の特定負担となります。また、③の特定負

担は、加盟料や保証金の支払いなどのように、①②に該当しない消費者の金銭的負担が該当します。

以上から、業務提供誘引販売取引は、単なる商品の販売契約や役務の提供契約ではなく、購入者が利益を得られることを誘い文句にするものでなければなりません。たとえば、内職の仕事やモニターなどが最初からなく、パソコンの売買契約のみが行われているという場合、それは単なる商品の販売契約であって、業務提供誘引販売取引ではありません。しかし、業務提供誘引販売取引においては、その多くの契約で、消費者に利益を得させることではなく、消費者から商品や役務提供の対価を得ることが、事業者のおもな目的となっているため、消費者と多くのトラブルが発生するのです。

クーリング・オフが利用できる

業務提供誘引販売取引で商品を購入して業務に従事してみたが、当初思っていたようには在宅ワークがはかどらなかった場合、解約したいと考える人は多いでしょう。この場合、クーリング・オフ制度の利用ができます。業務提供誘引販売取引のクーリング・オフの行使期間は、連鎖販売取引と同じく契約書面を受領した日から起算して20日間と長めに設定されています。

■ 業務提供誘引販売取引のしくみ ……………………………………

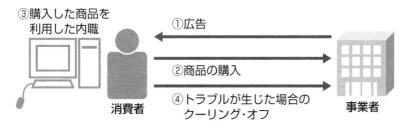

③購入した商品を
利用した内職

①広告

②商品の購入

④トラブルが生じた場合の
クーリング・オフ

消費者

事業者

9 業務提供誘引販売取引の規制について知っておこう

不当な勧誘や不明確な契約を規制する

広告表示規制・誇大広告等の禁止

特定商取引法では、業務提供誘引販売取引に関して事業者が広告を行う場合、一定の事項（表示事項）を表示する必要があると定めています。おもな表示事項は、商品や役務の種類、特定負担に関する事項、業務の提供条件、業務提供誘引販売取引を行う者の氏名（名称）・住所・電話番号です。

業務提供誘引販売取引でも誇大広告等が禁止されています。具体的には、著しく事実に相違する表示や、実際のものより著しく優良であり、もしくは有利であると人を誤認させる表示が禁止されています。

勧誘などに関する規制

事業者が消費者を勧誘する際に、もしくは消費者による契約解除を妨げる（解除妨害）ために、①②の行為をすることの他、勧誘の際に③の行為をすることが禁止されています。

① **故意の事実不告知・不実告知**

商品の品質・性能、特定負担、その他の契約に関する重要事項を故意に告げないことや、事実と違うことを告げることが禁止されています。

② **威迫行為**

消費者を威迫して困惑させる行為が禁止されています。

③ **勧誘の目的を告げない誘引**

キャッチセールスなどと同様に、勧誘目的であることを知らせずに、店舗などに消費者を誘い込み、業務提供誘引販売取引の勧誘を行うことが禁止されています。

▌電子メール広告の提供の規制

　事業者が業務提供誘引販売取引のための電子メール広告を送信するには、事前に送信先である相手方の承諾を得なければなりません。その承諾がない限り、事業者が電子メールによって広告を送信することは原則として禁止されています（オプトイン規制）。

　この規制は、業務提供誘引販売事業者（業務提供誘引販売業を行う者）だけでなく、事業者から委託を受けて広告を送信する受託事業者も対象となります。そして、消費者から広告メールの送信の承諾を得た事業者は、最後に電子メール広告の送信をした日から３年間、その承諾の記録を保存しなければなりません。

▌書面交付義務とは

　書面交付義務とは、契約締結前や契約締結後に契約内容が記された書面を消費者（無店舗の個人に限ります）に交付する義務です。契約

■ 業務提供誘引販売取引についての特定商取引法の規制 ………

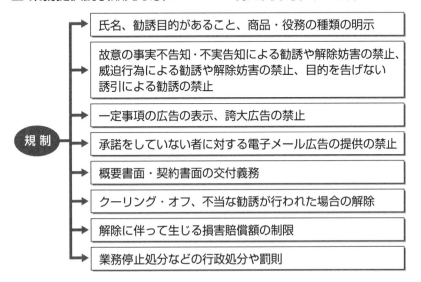

規制
- 氏名、勧誘目的があること、商品・役務の種類の明示
- 故意の事実不告知・不実告知による勧誘や解除妨害の禁止、威迫行為による勧誘や解除妨害の禁止、目的を告げない誘引による勧誘の禁止
- 一定事項の広告の表示、誇大広告の禁止
- 承諾をしていない者に対する電子メール広告の提供の禁止
- 概要書面・契約書面の交付義務
- クーリング・オフ、不当な勧誘が行われた場合の解除
- 解除に伴って生じる損害賠償額の制限
- 業務停止処分などの行政処分や罰則

締結前（勧誘時など）に交付する書面を概要書面といい、契約締結後に交付する書面を契約書面といいます。

　なお、令和3年成立の特定商取引法改正で、交付の相手方の承諾を得ることを条件に、書面を交付する代わりに電磁的方法の提供（電子メールの送信など）によることが可能となりました。

　業務提供誘引販売取引では、次の条件に該当する場合、事業者が概要書面を交付することを義務付けています。書面交付の際、次ページ図の事項を明記しなければなりません。

① 無店舗個人と契約を締結する場合
② 特定負担のある契約を締結する場合

契約書面の注意点

　契約書面も消費者（無店舗個人に限ります）との間で業務提供誘引販売取引の契約を締結後、事業者が遅滞なく交付する必要があります。契約書面には次の事項を記載します。

・商品の種類・性能・品質、役務の提供を受ける権利や役務の種類、これらの内容に関する事項
・商品や提供される役務を利用する業務の提供・あっせんについての条件に関する事項
・特定負担に関する事項
・業務提供誘引販売契約の解除に関する事項（クーリング・オフに関する事項を含む）
・事業者の氏名（名称）、住所、電話番号、法人の場合は代表者の氏名
・契約締結担当者の氏名
・契約年月日
・商品名、商品の商標・製造者名
・特定負担以外の義務の内容
・割賦販売法に基づく抗弁権の接続に関する事項

▌取消権・損害賠償額の制限

　事業者が契約に関する重要事項について故意の事実不告知・不実告知を行い、これにより消費者が誤認して契約を締結した場合、消費者は、事実誤認に気づいた時から1年間または契約締結時から5年間、その契約の取消しができます。ただし、事業者の不正行為について善意無過失の第三者がいる場合には、その人に対して取消しを主張することはできません。

　また、消費者の債務不履行（特定負担の支払いがないなど）を理由に事業者が契約を解除した場合、事業者が消費者に対して請求できる損害賠償額についての上限額が定められています。

■ 業務提供誘引販売取引における概要書面の記載事項 …………

① 業務提供誘引販売業（業務提供誘引販売取引に関する事業）を行う者の氏名（名称）や住所、電話番号、法人である場合は代表者の氏名
② 商品の種類・性能・品質に関する重要な事項や、権利・役務の種類などに関する重要な事項
③ 商品名
④ 商品や提供される役務を利用する業務の提供・斡旋についての条件に関する重要な事項
⑤ 特定負担の内容
⑥ 業務提供誘引販売契約の解除や取消しに関する事項
⑦ 割賦販売法に基づく方法で商品の販売や役務の提供を行う際の抗弁権の接続に関する事項

10 訪問購入について知っておこう

特定商取引法で新たに規制対象となった取引類型

訪問購入も特定商取引法の規制対象に含まれている

　近年急増している悪質商法のひとつとして押し買いがあります。押し売り（訪問販売）とは対照的に、押し買いとは、自宅を訪れた購入業者に貴金属やアクセサリーなどを強引に買い取られてしまう悪質商法のことです。言葉巧みに勧誘されることもあれば、詐欺・脅迫まがいの勧誘が行われることもあります。

　以前から押し買いを効果的に規制できないことが問題視されていたことから、押し買いを規制する内容を盛り込んだ特定商取引法の改正が平成24年8月に公布され、平成25年2月に施行されています。特定商取引法では、押し買いのことを「訪問購入」と名付けています。

　この特定商取引法の改正により、以前は規制対象外だった訪問購入について、おもに次のような規制が設けられています。

・事業者名や勧誘目的等の明示義務

・不招請勧誘の禁止

・クーリング・オフ制度の導入

・契約書面の交付義務

　これらの規制に違反した事業者は、業務改善指示、業務停止命令、業務禁止命令の対象となったり、罰則が科されたりする場合があります。

訪問購入とその対象物品

　特定商取引法で規制される訪問購入とは、物品の購入業者が営業所等以外の場所において行う物品の購入のことです。たとえば、貴金属の購入業者が消費者の自宅に訪問し、消費者が所有する貴金属を買い

取る行為が訪問購入に該当します。

　原則として、訪問購入で取引されるすべての物品が規制対象となります。例外として、自動車（2輪のものを除く）、家具、家電（携行の容易なものを除く）、書籍、DVD、ゲームソフト、有価証券などが訪問購入の規制対象外とされています。

訪問購入の適用除外

　訪問購入に該当する取引のすべてが特定商取引法の規制対象になるわけではありません。たとえば、消費者が営業のために売買する契約を締結する場合は「事業者間の取引」となるため、訪問購入に関するすべての規制が適用されません。

　また、次の取引の場合は、訪問時の事業者名の明示義務など、一部の規制を除いた訪問購入に関する規制が適用されません。

・売主（消費者）が自宅での契約締結等を請求した取引
・御用聞き取引（購入業者が定期的に住居を巡回して売買する取引）
・常連取引（訪問日の前1年間に、店舗のある購入業者であれば1回以上、店舗のない購入業者であれば2回以上取引実績がある消費者と売買する取引）

■ 訪問購入と特定商取引法の規制 ………………………………

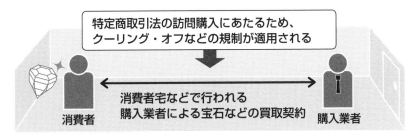

特定商取引法の訪問購入にあたるため、クーリング・オフなどの規制が適用される

消費者宅などで行われる購入業者による宝石などの買取契約

消費者　　　　　　　　　　　　　　　購入業者

11 訪問購入の勧誘時のルールをおさえておこう

勧誘前に氏名や訪問の目的を明示する

禁止される不招請勧誘とは

特定商取引法では、訪問購入において営業所等以外の場所で不招請勧誘を行うことを禁止しています。

消費者から購入業者に対し、「自宅にある着物の買い取りをお願いしたい」など、訪問購入に関する売買契約を締結するよう消費者から要請されて勧誘するのが招請勧誘、消費者から要請（アポイント）がないのに勧誘するのが不招請勧誘です。では、アポイントさえとれば「不招請勧誘」にあたらないのでしょうか。たとえば、事業者が電話やメールなどで「不要な家電を売りませんか」と消費者を勧誘し、これに応じた消費者から依頼を受けて訪問した場合は、不招請勧誘にあたりません。しかし、家電の買い取り依頼を受けて訪問した業者が貴金属の買い取りを勧誘した場合、訪問自体は消費者が依頼していますが、貴金属の買い取りは消費者から依頼を受けていないため、不招請勧誘にあたります。

なお、消費者が不招請勧誘を受けて売買契約を締結したという訪問購入についても、クーリング・オフ制度を利用することが可能です。

商品の査定を依頼すると不招請勧誘ではなくなるのか

悪質な訪問購入の手口とされているのが、「無料査定」を悪用した勧誘です。購入業者が「査定を無料でした以上、買い取りを求めてきたのと同じだ」などと迫るわけです。

しかし、査定の勧誘と買い取りの勧誘は別物です。消費者が「査定だけしてほしい」と要請したのであれば、それに乗じて業者が買い取りの勧誘をすれば「不招請勧誘」として特定商取引法の規制を受ける

ことになります。ただし、消費者が「査定の金額次第では買い取りを依頼したい」などと言って購入業者を招いた場合は、不招請勧誘にあたらないと判断される可能性があります。

訪問時には氏名や目的を明示する

特定商取引法では、購入業者に対して、さまざまな規制を設けています。まず、購入業者は消費者宅を訪問し、勧誘を始める前に、次の項目を消費者に明示することが義務付けられています。

① 購入業者の氏名（名称）
② 売買契約の締結について勧誘をするために訪問したこと
③ 購入しようとする物品の種類

この義務は、消費者が自宅にある物品の買い取りを求めて購入業者を招請した場合（招請勧誘）も適用されます。さらに、勧誘を始める前には、消費者に対し「勧誘を受ける意思があることを確認すること」が義務付けられています。

訪問購入に関する禁止行為

この他、訪問購入においては、消費者保護のために、次のような禁止行為が定められています。

■ 購入業者が守らなければならないルール ……………………………

訪問購入の勧誘時のルール

→ 氏名や勧誘目的などを明示しなければならない

→ 勧誘を要請していない消費者への勧誘（不招請勧誘）の禁止

→ 消費者側の勧誘を受ける意思の有無を確認しなければならない

→ 訪問購入を拒否した消費者に対する再勧誘の禁止

→ 購入価格や支払時期などの事項についての不実告知・故意の事実不告知や消費者を威迫して困惑させる行為の禁止

① 再勧誘の禁止

消費者が訪問購入に関する売買契約を締結しない意思を示した場合、再度当該売買契約の締結について勧誘を行うことが禁じられています。

② 不実告知・故意の事実不告知の禁止

訪問購入の勧誘を行う際、物品の種類・購入価格、クーリング・オフに関する事項、物品の引渡しの拒絶に関する事項などについて、不実のことを告げる行為（不実告知）や、故意に事実を告げない行為（故意の事実不告知）が禁じられています。

さらに、不実告知については、契約解除を妨げるために行うことも禁じられています。

④ 威迫行為の禁止

売買契約を締結させ、もしくは契約解除を妨げるために、消費者を威迫して困惑させる行為をすることが禁じられています。

書面に記載すべき事項

購入業者は、売買契約の申込みを受けた場合は直ちに、売買契約を締結した場合は遅滞なく、その内容を記載した書面を消費者に交付しなければなりません（消費者の承諾を得たときは、書面の交付に代えて電磁的方法による提供が可能です）。消費者に交付する書面には、次ページ図に挙げた項目を記載します。

引渡拒絶権に関する通知が必要

訪問購入でもクーリング・オフ制度があります（126ページ）。ただ、消費者が購入業者に物品を引き渡してしまうと、第三者に売却されてしまい、クーリング・オフを行使しても物品を取り戻せない事態に陥る可能性が高くなります。

そこで、クーリング・オフ期間中は物品の引渡しの拒絶ができる（引渡拒絶権）という制度が設けられています。しかし、消費者が物

品拒絶権を知らずに物品を引き渡すこともあるため、特定商取引法では、購入業者が消費者から直接物品の引渡しを受けるときに、引渡拒絶権について消費者に告知することを義務付けています。

▌契約締結時に代金の支払いと同時に物品の引渡しを受けた場合

　営業所等以外の場所で訪問購入に関する売買契約を締結した場合、または営業所等以外の場所で訪問購入に関する売買契約の申込みを受け、営業所等で売買契約をした場合で、代金の支払いと物品の引渡しが行われた場合、購入業者は、次の項目を記載した書面を消費者に交付しなければなりません。

・物品の種類・購入価格
・クーリング・オフ制度に関する事項
・その他主務省令で定める事項

■ 申込時または契約締結時に交付する書面の記載事項 …………

・物品の種類、物品の購入価格
・物品の代金の支払時期および支払方法
・物品の引渡時期および引渡しの方法
・クーリング・オフに関する事項
・クーリング・オフ期間中の物品の引渡しの拒絶に関する事項
・購入業者の氏名（名称）、住所、電話番号、法人の場合には代表者の氏名
・売買契約の申込みまたは締結を担当した者の氏名
・売買契約の申込みまたは締結の年月日
・物品名、物品の特徴
・物品やその附属品に商標、製造者名、販売者名の記載または型式がある場合には、その商標、製造者名、販売者名、型式
・契約の解除に関する定めがあるときは、その内容
・特約があるときは、その内容

訪問購入とクーリング・オフについて知っておこう

期間内なら契約締結していてもクーリング・オフが認められる

訪問購入にもクーリング・オフ制度がある

訪問購入が特定商取引法の取引類型として追加された際、消費者が行使できるクーリング・オフ制度も盛り込まれました。訪問購入におけるクーリング・オフとは、訪問購入の売主が、契約申込みもしくは契約締結の後でも、期間内であれば、無条件に申込みの撤回もしくは契約の解除を行うことができるという制度です。

訪問購入におけるクーリング・オフの期間は、原則として消費者が法令に規定された内容を記載した契約書面（契約書を受け取る前に申込書を受領していれば申込書面）を受領した日から起算して8日以内です。

消費者は、購入業者に対し、売買契約の申込みの撤回または売買契約の解除を書面で通知することによって、クーリング・オフを行うことができます。クーリング・オフは書面を発送した時点で効力が生じる（発信主義）ことから、クーリング・オフ期間内に書面を発送すれば、購入業者に到着するのが期間経過後であってもクーリング・オフが認められます。なお、令和3年成立の特定商取引法改正で、クーリング・オフの通知について、書面ではなく電磁的方法（電子メールの送信など）で行うことも可能となりました。

クーリング・オフが成立すると、売買契約（または契約の申込み）は最初からなかったものとみなされます。したがって、契約によって交わされた代金や物品は、それぞれの手元に速やかに戻されなければなりません。このとき、クーリング・オフをしたことによる損害賠償請求権などは発生しません。

クーリング・オフ妨害の禁止

　クーリング・オフの行使は、消費者の権利です。したがって、購入業者がクーリング・オフに関して消費者に不利な内容の特約を定めていたとしても、その特約は無効となります。たとえば、申込書面や契約書面に「売主（消費者）がクーリング・オフ期間中に申込みの撤回や解除を申し出た場合は、買取金額の10倍の違約金を申し受けます」といった特約があったとしても、その特約は無効です。消費者は、違約金を支払うことなくクーリング・オフをすることができます。

引渡拒絶権とは

　クーリング・オフを行使すれば、売買契約はなかったことになり、購入業者への購入代金の返還とともに、消費者への物品の返還が行われることになります。しかし、すでに物品が第三者に引き渡されていると、消費者に対してスムーズに物品が返還されない可能性があります。
　そこで、特定商取引法では、訪問購入におけるクーリング・オフ期

■ 引渡拒絶権と転売後の通知 ………………………………………

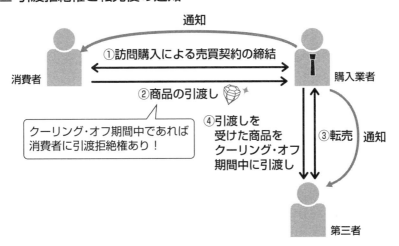

通知

①訪問購入による売買契約の締結

消費者

②商品の引渡し

購入業者

クーリング・オフ期間中であれば消費者に引渡拒絶権あり！

④引渡しを受けた商品をクーリング・オフ期間中に引渡し

③転売　通知

第三者

間中は、消費者は、購入業者に対する物品の引渡しを拒絶できるとしています（引渡拒絶権）。

購入業者が第三者に商品を引き渡した場合の消費者への通知

　訪問購入によって消費者から物品を受け取った購入業者が、クーリング・オフ期間中に第三者に対して物品を引き渡した場合には、売主である消費者に対して、次のような事項を通知しなければなりません。この通知によって、消費者は転売先を知ることができます。なお、通知の方法は問いません。

・第三者の氏名（法人の場合は名称と代表者氏名）、住所、電話番号
・物品を第三者に引き渡した年月日
・物品の種類
・物品の名称、商標、製造者名、販売者名または型式など
・物品の特徴
・その他第三者への物品の引渡しの状況を知るために売主にとって参考となるべき事項

購入業者が第三者に商品を引き渡した場合の第三者への通知

　訪問購入によって消費者から物品を受け取った購入業者が、クーリング・オフ期間中に第三者にその物品を引き渡す場合には、そのことを売主だけでなく、その第三者にも通知することが義務付けられています。その際、次ページ図で示した内容を記載した書面をもって第三者に通知しなければなりません。

　この通知は、消費者がクーリング・オフを行使した際に、第三者が民法上の即時取得を主張して、消費者への物品の返還を拒むというリスクを防止することを目的としています。引渡しの際に上記の書面による第三者への通知をしておけば、買主である第三者はクーリング・オフの可能性を引渡し時に知ることになるので、善意無過失ではなく

なり、即時取得を主張できなくなるというわけです。

不当な違約金などの規制

　特定商取引法では、クーリング・オフ期間の経過後、消費者（売主）による債務不履行（物品の引渡しの遅延など）を理由に、購入業者（買主）が売買契約を解除した場合における損害賠償の額（違約金）について上限を設けています。

　たとえば、購入業者の代金支払いの後に売買契約が解除された場合、消費者が購入業者に対して支払う損害賠償額の上限は、「代金に相当する額に法定利率による遅延損害金の額を加算した金額」となり、購入業者はこれを超える金額の請求はできません。反対に、購入業者から代金が支払われていない場合は、「契約の締結や履行に通常要する費用の額」が損害賠償額の上限となります。

■ **第三者への通知に記載する事項** ……………………………………

① 引き渡した物品は訪問購入によって引渡しを受けた物品であること
② クーリング・オフ期間中は、売主（消費者）がクーリング・オフを行使する可能性があること
③ 違反行為（書面不交付やクーリング・オフ妨害など）があった場合には、期間経過後も売主がクーリング・オフを行使できること
④ 売主に対して申込書面・契約書面を交付した年月日
⑤ 購入業者の氏名（法人の場合は名称、代表者の氏名）、住所、電話番号
⑥ 物品を第三者に引き渡す年月日
⑦ 物品の種類
⑧ 物品の名称
⑨ 物品の特徴
⑩ 物品やその附属品に商標、製造者名、販売者名の記載または型式がある場合には、その商標、製造者名、販売者名、型式

13 ネガティブオプションについて知っておこう

勝手に送り付けられた商品は消費者側が直ちに処分できる

ネガティブオプションとは

　ネガティブオプションは「送り付け商法」「押し付け販売」とも呼ばれる商法のことです。たとえば、ある日突然、家に注文した覚えのない商品が請求書と一緒に送られてきて、同封の書面に「〇日以内に返品が行われなければ、購入したものとみなします」と記載されているような場合です。

　このように、いかにも契約が締結されてしまうかのように装い、送付相手（消費者）に「商品を受け取った以上、お金を支払わなければならない」と勘違いさせる点が、ネガティブオプションの大きな特徴です。売買契約に限らず、契約はお互いの合意がなければ成立しません。買う気のない人に一方的に商品を送り付けただけでは、売買契約が成立したとは認められません。

　そのため、一方的に商品を送り付けられたとしても、その商品の代金を支払う必要はありませんし、クーリング・オフを行う必要もありません。しかし、たとえば、代金引換で送り付けられて、誤ってお金を支払ってしまうと、そのお金を取り戻すことが困難になる可能性があります。特にネガティブオプションでは、代金引換で送り付け、受け取った方は「家族の誰かが商品を購入したのだろう」と勘違いして支払ってしまうケースも目立っています。

ネガティブオプションと規制

　特定商取引法では、以下の２つの条件のすべてにあてはまる行為を、ネガティブオプションとして規制しています。そして、送り付けられ

た商品の種類を問わず、ネガティブオプションの規制対象となります。

① 販売業者が、売買契約の申込みも売買契約の締結もしていない消費者に対して、商品の売買契約の申込みを行うこと

② 実際に商品を送付すること

送り付けられた商品の保管義務が廃止された

一方的に商品が送り付けられてきた場合、「こんな商品を買った覚えはない」と考えて、送り付けてきた販売業者に連絡することなく、商品の受取人が勝手に商品を処分してしまうケースもあるでしょう。しかし、たとえ一方的に送り付けられてきたものだといっても、商品が他人（販売業者）の所有物であることに変わりはありません。

もっとも、特定商取引法の改正で、令和3年（2021年）7月6日以降に商品が一方的に送り付けられた場合については、送り付けられた消費者は、直ちにその送り付けられた商品を処分することが可能になり、以前は課せられていた保管義務が廃止されました。

そして、「販売業者は、売買契約の成立を偽つてその売買契約に係る商品を送付した場合には、その送付した商品の返還を請求することができない。」（特定商取引法59条の2）との規定から、販売業者から商

■ 送り付け商法と商品の処分 ……………………………………

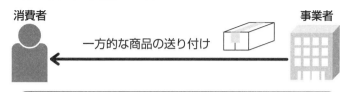

品の返還を請求されても、消費者は、それに応じる義務はありません。

　また、一方的に送り付けられた商品の代金を請求され、支払義務があると誤解して、お金を支払ったとしても、消費者は、そのお金の返還を請求できます。これは民法が規定する不当利得（法律上の原因なく自らが利益を受け、そのために他人に損失を及ぼすこと）を根拠とするものです。

特定商取引法の規制が適用されない場合

　前述のとおり、消費者は、一方的に送り付けられた商品を自由に処分できることになります。ただし、以下のいずれかに該当する場合は、商品の一方的な送り付けがあったとしても、特定商取引法の規制は適用されないことになります。

①　商品の送付を受けた者が購入意思を示した場合

　消費者がだまされたり、勘違いをしたりしたわけではなく、真意で購入を望むのであれば、一方的に送り付けられた商品であっても売買契約が成立します。この場合、消費者は商品の代金支払義務を負います。

②　送付を受けた側が消費者ではなく事業者である場合

　特定商取引法は、事業者を規制して消費者を保護することが目的であるため、「商品の送付を受けた者が営業のために又は営業として締結することとなる売買契約の申込み」については、ネガティブオプションに関する特定商取引法の規定が適用されません（特定商取引法59条2項）。

　この規定は、一方的に商品を送り付けられた側が事業者（会社などの商人）である場合に、ネガティブオプションに関する特定商取引法の規定が適用されないことを意味すると考えてよいでしょう。

会社や事業者が受け取った場合

　前述したように、事業者への一方的な商品の送付については、ネガ

ティブオプションに関する特定商取引法の規制が適用されないことになります。

　ただし、これは送り付けられた商品を自由に処分できることにならないだけで、当然に商品の売買契約が成立したものとして扱われるわけではありません。しかし、送り付けた側の事業者に無断で処分すると、購入の意思があったとみなされたり、損害賠償を請求されたりする可能性があります。

　そこで、受け取った側の事業者としては、トラブル回避の手段として、「契約は存在していない」ことを記載した内容証明郵便を送付し、明確な意思を示すことが考えられます。

■ ネガティブオプションの規制が適用されない場合 ……………

規制の
対象外と
なる場合

① 商品の送付を受けた者が購入を承諾した場合
商品を受け取った後に消費者が購入意思を示した（だまされていたり、勘違いをしたりしていないことが必要とされる）場合には、販売業者と消費者との間に売買契約が成立する

② 商品の送付を受けた者が事業者にあたる場合
特定商取引法は、消費者を保護するためのものなので、事業者（会社などの商人）に対して一方的に商品が送り付けられた場合については規制の対象外となる

違反行為に対する行政処分や罰則について知っておこう

違反すると業務改善の指示や業務停止命令、業務禁止命令が行われる

特定商取引法に違反するとどうなる

　特定商取引法に違反する行為は、業務改善の指示や業務停止命令、役員等に対する業務禁止命令といった行政処分の対象となる他、一部の違反行為については罰則の対象となります。

行政処分

・業務改善の指示

　主務大臣は、販売業者や役務提供事業者が特定商取引法の規定に違反した場合や、特定商取引法に規定されている一定の行為をした場合において、その取引の公正および購入者または役務の提供を受ける者の利益が害されるおそれがあると認めるときは、その販売業者・役務提供事業者に対し、業務改善の指示をすることができます。

　具体的には、当該違反または当該行為の是正のための措置、購入者・役務の提供を受ける者の利益の保護を図るための措置その他の必要な措置をとるべきことを指示することができます。

・業務停止命令

　主務大臣は、販売業者・役務提供事業者が特定商取引法の規定に違反した場合や、特定商取引法に規定されている一定の行為をした場合において、その取引の公正および購入者・役務の提供を受ける者の利益が著しく害されるおそれがあると認めるとき、または販売業者・役務提供事業者が業務改善の指示に従わないときは、その販売業者・役務提供事業者に対し、2年以内の期間を定めて、業務の全部または一部を停止すべきことを命ずることができます。

また、この場合に主務大臣は、その販売業者・役務提供事業者が個人であるときは、その者に対して、業務停止を命ずる期間と同一の期間を定めて、業務停止を命ずる範囲の業務を営む法人の当該業務を担当する役員となることを禁止することを命ずることもできます。

・役員等に対する業務禁止命令

　主務大臣は、販売業者・役務提供事業者に対して業務停止命令を行う場合において、その業者が個人であるか法人であるかの区分に応じて、その役員や使用人、過去1年以内に役員または使用人であった者などに対して、業務禁止命令をすることができます。

　具体的には、業務停止命令の理由となった事実およびその事実に関してその者が有していた責任の程度を考慮して業務停止命令の実効性を確保するためにその者による業務を制限することが相当と認められる者として定められている一定の者に該当するときに、その者に対して、業務停止命令の期間と同一の期間を定めて、業務停止を命ずる範囲の業務を新たに開始すること（当該業務を営む法人の当該業務を担当する役員となることを含みます）の禁止を命ずることができます。

▌罰則

　不当な勧誘行為の禁止や誇大広告等の禁止など、特定商取引法が定めている禁止行為に違反した場合や、書面交付義務に違反した場合は、罰則（刑事罰）の対象となり、懲役や罰金が科される可能性があります。また、前述のような行政処分を受けた場合に、その指示・命令等に違反したときも、罰則の対象となります。

　また、特定商取引法は、一定の違反行為については、違反行為者を罰する他、その法人に対しても罰金刑が科される旨（両罰規定）も定めています。

民法改正による成人年齢引下げと消費者法

　令和4年4月1日より改正民法が施行され、成人年齢（成年年齢）が20歳から18歳へと引き下げられました。これにより、今までは基本的に20歳以上でなければ行うことのできなかった割賦販売契約、いわゆるローンを組むことが18歳から可能となりました。18歳ということは高校生も含まれます。つまり、高校生であっても18歳になれば親の同意を得ることなく単独で、ローンを組んで商品を購入することができるようになりましたし、クレジットカードを所持することもできるようになったのです。

　しかし、法律上は成人であるとはいえ、18歳は社会経験の乏しいと言わざるを得ない年齢ともいえます。そこに目を付けた悪質業者や反社会的勢力に狙われ、若年者が深刻な金銭トラブルに巻き込まれる危険も十分に予測されます。

　そこで、消費者庁に加えて、経済産業省や政府も、若年層へ向けて教育や広告・啓発などに積極的に取り組む姿勢を示しています。具体的には、全国の学習塾などにローンやクレジットカードの利用についての教材を配布すること、講師を派遣して講習を実施すること、TwitterなどのSNSにおいてインフルエンサーを活用した啓発広告を打ち出すことなどです。

　社会経験のある大人であっても、一つ間違えれば大きなトラブルに遭遇する危険があるのがローンやクレジットカードであり、さまざまな法令によって事業者への規制や消費者の保護が図られています。これから社会に出ていこうという時に経済的問題を抱えることは、その後の人生に大きな影を落とすことにもなり得ます。したがって、若年者がこうした事柄に関連する法的知識を今から身につけておくのは、自身の身を守るためにも非常に重要なことでしょう。

第 5 章

景品表示法のしくみ

1 景品類について知っておこう

物品・金銭の提供は「取引に付随」すれば景品類となる

景品類とは

　商品についてくる「おまけ」について過大な宣伝・広告がなされると、消費者が惑わされて購入してしまい、後でトラブルが生じることがあります。そのため、景品類の提供については、景品表示法で規制が行われています。

　一般的に景品類とは、粗品・おまけ・賞品などを指すと考えられています。景品表示法では、景品類のことを、「顧客を誘引するための手段として、その方法が直接的であるか間接的であるかを問わず、くじの方法によるかどうかを問わず、事業者が自己の供給する商品または役務の取引（不動産に関する取引を含む）に付随して相手方に提供する物品、金銭その他の経済上の利益であって、内閣総理大臣が指定するもの」と定義しています。

定義告示運用基準について

　「景品類等の指定の告示の運用基準について」（以下「定義告示運用基準」といいます）によれば、景品類の提供に該当するための要件として、上記の定義に照らし、①「顧客を誘引するための手段として」、②「事業者」、③「自己の供給する商品または役務（サービス）の取引」、④「取引に付随して」、⑤「物品、金銭その他の経済上の利益」という5つの項目を挙げています。以下、見ていきましょう。

① 「顧客を誘引するための手段として」

　物品などの提供が「顧客を誘引するための手段として」使われたかどうかに関しては、提供した側の主観的な意図や企画の名目がどう

であるかは問題にならず、客観的に判断されるとしています。また、「顧客を誘引する」とは、新規の顧客の誘引にとどまらず、既存の取引の継続・取引拡大を誘引することも含まれています。

② 「事業者」

　事業者には、営利企業だけではなく、営利を目的としない協同組合や共済組合であっても、商品または役務を供給する事業については、事業者にあたるとされています。また、公的機関でも私的な経済活動に類似する事業を行う場合や、学校法人・宗教法人でも収益事業を行う場合には、それらの事業については、事業者にあたることになります。

③ 「自己の供給する商品または役務（サービス）の取引」

　事業者が製造・販売する商品が最終需要者に届くまでのすべての流通段階における取引が含まれるとしています。そこで、ある商品を消費者に販売する小売業者の取引も、その商品を小売業者に販売するメーカーの取引も該当することになります。また、賃貸、交換、融資などの供給取引も含まれます。これに対し、古書店が古本を買い取る

■ 景品類の提供に該当するための要件（定義告示運用基準）……

① 顧客を誘引するための手段として	企業側の意図ではなく、客観的に判断する
② 事業者	経済活動を行っている者すべてが含まれる
③ 自己の供給する商品または役務（サービス）の取引	需要者に届くまでのすべての流通段階における取引が含まれる。賃貸、交換、融資などの供給取引も含まれる
④ 取引に付随して	取引に付随して行われる景品類の提供のみが規制の対象となる
⑤ 物品、金銭その他の経済上の利益	商品・サービスなど経済的な対価を支払って手にいれるものすべてのもの

場合のように、自己（事業者）が商品・サービスを一方的に受ける側に立つものは含まれません。

④ 「取引に付随して」

　景表法においては、景品類の提供が、「取引に付随して」行われる場合のみが規制の対象になるとしています。

　「取引に付随して」は、景品類にあたるかあたらないかを判断するための重要な要件です。まず、購入することを条件として景品類を提供する場合は、文字通り「取引に付随」する提供になります。これに加えて、事業者が、買ってくれるのか買ってくれないのかが前もってはわからない、自己の店舗への入店者に提供する場合であっても、「取引に付随して」提供することになるとしています。

　定義告示運用基準では、「取引に付随」する提供にあたる場合について、以下のように示しています。

・取引を条件として他の経済上の利益を提供する場合
・取引を条件としない場合でも、取引の相手をおもな対象として、経済上の利益の提供が行われるとき
・取引の勧誘に際し、相手に金品・招待券などを供与する場合
・懸賞により提供する場合や相手に景品類の提供であると認識される仕方で提供する場合

　逆に、「取引に付随」する提供にあたらない場合として、次の4つが示されています。

・取引の本来の内容となる経済上の利益の提供
・ある取引で2つ以上の商品・サービスを組み合わせて販売していることが明らかな場合（いわゆるセット販売）
・オープン懸賞での応募者の中に、偶然その事業者の商品・サービスの購入者が含まれていたときのその応募者への景品の提供
・商品・サービスの購入者を紹介してくれた人への謝礼（紹介者を商品・サービスの購入者に限定する場合は除く）

⑤ 「物品、金銭その他の経済上の利益」

「経済上の利益」とは、提供を受ける者の側から見て、通常、経済的な対価を支払って手に入れることができるすべてのものをいいます。商品・サービスを通常の価格より安く購入できることも「経済上の利益」にあたります。提供を受ける側から見て判断されるため、事業者が特に出費を必要としないで提供できる物などであっても、「経済上の利益」に含まれることがあります。ただし、自社の商品・サービスのモニターへの報酬として支払う場合などのように、仕事の報酬などと認められるときは、「経済上の利益」に該当しません。

以上の①～⑤を満たすとされた場合であっても、「正常な商習慣に照らして」以下のいずれかに該当する場合には、「景品類等の指定の告示」（定義告示）によって景品類の提供から除外されています。

・値引きと認められる経済上の利益（ただし、ⓐ懸賞により金銭を提供する場合、ⓑ提供する金銭の使途を制限する場合、ⓒ同一の企画で金銭の提供と景品類の提供を行う場合は、「値引き」とはならず「景品類」にあたることになります）
・アフターサービスと認められる経済上の利益
・商品等に付属すると認められる経済上の利益

■ 景品類の要件である「経済上の利益」…………………………………

経済上の利益

① 物品及び土地、建物その他の工作物

② 金銭、金券、預金証書、当選金付き証票及び公社債、株券、商品券その他の有価証券

③ きょう応（映画、演劇、スポーツ、旅行その他の催物等への招待または優待を含む）

④ 便益、労務その他の役務

2

景品規制について知っておこう

景賞によらない景品類の提供も景表法の規制対象である

規制内容にはどんなものがあるのか

景表法における景品規制は、景品類の最高額、総額などを規制することにより、消費者の利益を保護するとともに、過大景品による不健全な競争を防止するものです。景品規制については、すべての業種に適用される、①懸賞制限、②総付景品制限、という2つの種類が規定されています。また、特定の業種に対しては、個別の告示によって景品規制が規定されています。

懸賞制限について

懸賞制限については、懸賞の定義と、景品類の価額制限（景品類によって提供できる景品類の最高額と総額の制限）の理解が重要です。

① 懸賞の定義

「懸賞」とは、くじなど偶然性を利用して定める方法、または特定の行為の優劣・正誤によって定める方法によって、景品類の提供の相手もしくは提供する景品類の額を定めることです。たとえば、抽選券やジャンケン、パズル・クイズの正誤、作品などのコンテストの結果の優劣などによって景品類の提供を定める場合が該当します。

なお、景表法の規制を受ける「懸賞」は、「取引に付随」して景品類の提供をする場合に限られるため（140ページ）、一般的に「クローズド懸賞」と言われています。

② 景品類の価額制限

懸賞は、商店街や同業組合などが共同して行う（複数の事業者が参加して行う）とされる「共同懸賞」と、共同懸賞に該当しない「一般

懸賞」に分けられます。

　まず、一般懸賞の場合、懸賞によって提供できる景品類の価額の最高額は、10万円を限度として取引価額の20倍の金額を超えてはならないとされています。たとえば、取引価額が800円の場合は、16000円までの景品がつけられます。これに対し、共同懸賞の場合は、取引価額にかかわらず、最高額は30万円を限度としています。

　また、懸賞類の総額に関する規制もあり、一般懸賞の場合は「懸賞にかかる売上げ予定総額」の２％まで、共同懸賞の場合は「懸賞にかかる売上げ予定総額」の３％までとされています。

　なお、上記にいう「取引価額」とは、次のとおりです。

・購入者に購入額に応じて景品類を提供する場合は、その購入金額

・購入金額を問わない場合は、原則100円。ただし、最低価格が明らかに100円を下回るとき、または100円を上回るときは、その価格

・購入を条件としない場合は、原則100円。ただし、最低価格が明らかに100円を上回るときは、その価格

▌総付景品制限について

　総付景品制限は、懸賞の方法によらない場合の規制であり、おもに総付景品の定義と最高限度額の理解が重要です。

■ 景品規制 ･･･

全業種

新聞業　不動産業

雑誌業　医療関係

これらの特定業種には別途
それぞれに適用される規制がある
（特定業種における景品制限）

■懸賞制限
（懸賞により提供できる景品類の
　最高額と総額を制限）

■総付景品制限
（懸賞によらない景品類の提供に
　ついて景品類の最高額を規制）

① 総付景品の定義

「総付景品」とは、懸賞の方法によらないで提供される景品類をいいます。具体的には、次のような方法が該当します。

・商品・サービスの購入者全員に景品類を提供する場合
・小売店が来店者全員に景品類を提供する場合
・申込みまたは入店の先着順に景品類を提供する場合

② 最高限度額

総付景品の場合、取引価額が1000円未満のときは、景品類の最高額は一律200円、1000円以上のときは、景品類の最高額は取引価額の10分の2までとされています。

③ 適用除外

次の場合で、正常な商習慣に照らして適当と認められるものは、総付景品の提供としての規制対象とはしないとされています。

・商品の販売・使用またはサービスの提供のために必要な物品
・見本などの宣伝用の物品
・自店および自他共通で使える割引券・金額証
・開店披露・創業記念などの行事で提供される物品

■ 一般懸賞における景品類の限度額 ……………………………………

懸賞による取引価額	景品類限度額	
	最高額	総　額
5,000円未満	取引価額の20倍	懸賞に係る売上予定総額の2%
5,000円以上	10万円	

■ 共同懸賞における景品類の限度額 ……………………………………

景品類限度額	
最高額	総　額
取引価額にかかわらず30万円	懸賞に係る売上予定総額の3%

特定業種における景品制限について

懸賞制限・総付景品制限は、すべての業種に適用されるものです。これに加えて、新聞業・雑誌業・不動産業・医療関係（医療用医薬品業・医療機器業・衛生検査所業）の４つの特定の業種については、別途、適用される制限が設けられています。

これは、これら各業種の実情を考慮して、一般的な景品規制と異なる内容の業種別の景品規制が行われるべきだとして、景表法３条の規定に基づき、告示により指定されているものです。

オープン懸賞について

オープン懸賞とは、事業者が、企業・商品・サービスの知名度・イメージを高めるため、新聞・雑誌・テレビ・ラジオ・ウェブサイトなどの広告で、「取引に付随」することなく（たとえば、商品・サービスの購入を条件としないで）、一般消費者に懸賞による金品の提供を申し出るものです。事業者が顧客を誘引するために行いますが、「取引に付随」するものではないため、景表法における規制を受けることがありません。そのため、前述したクローズド懸賞との対比で、一般的に「オープン懸賞」と言われています。なお、提供できる金品について、具体的な上限額の定めはありません。

■ 総付景品の限度額 ……………………………………………………

取引価額	景品類の最高額
1,000円未満	200円
1,000円以上	取引価額の１０分の２

3

不当表示について知っておこう

優良誤認表示・有利誤認表示・その他の不当表示がある

不当表示とは

　商品・サービスの品質や価格に関する情報は、消費者が商品・サービスを選ぶ際の重要な判断材料であり、消費者に正しく伝わる必要があります。

　商品・サービス（役務）の情報は、パッケージ・パンフレット・チラシ・説明書などの表示や、新聞・雑誌・テレビ・ラジオ・インターネットなどによる広告によって消費者にもたらされます。そして、そこに表示された、商品・サービスの品質・内容・価格・支払条件・数量などの取引条件から商品を選択します。

　しかし、ここで行われる「表示」が、実際の内容より著しく優れたものであると示されている場合や、事実と違って他社の商品より優れていると示されている場合、消費者は、商品・サービスの適正な選択を妨げられるという不利益を被ることになります。

　景表法による不当表示規制は、不当な顧客の誘引を防ぎ、消費者が適正に商品・サービスの選択ができるようにすることを目的としています。そのため、「不当表示」にあたるかどうかの判断は、当該表示が消費者にどのような印象や認識をもたらすかによることになります。

　通常、消費者は、何らかの表示がされていれば、実際の商品・サービスも表示のとおりだと考えます。表示と実際のものが違う場合、消費者は、実際の商品・サービスが表示通りの商品・サービスであると誤認することになるでしょう。景表法に規定される不当表示は、このように商品・サービスの内容や取引条件について、消費者に誤認を与える表示のことをいいます。

景表法は、事業者が供給する商品・サービスについて、消費者に対して、不当に顧客を誘引し、消費者の自主的・合理的な選択を阻害するおそれがあると認められるこれらの表示（不当表示）を行うことを禁止しています。

不当表示にはどのような類型があるのか

　景表法による不当表示の規制は、次の3つの類型に区分されます。これらの類型を、不当に顧客を誘引し、一般消費者による自主的・合理的な選択を阻害するおそれがあると認められる不当表示として禁止しています。

① **優良誤認表示**

　商品・サービスの品質、規格その他の内容についての不当表示

② **有利誤認表示**

　商品・サービスの価格その他の取引条件についての不当表示

③ **指定表示**

　商品・サービスの取引に関する事項について消費者に誤認されるおそれがあると認めて内閣総理大臣が指定する表示

■ **不当表示の類型** ……………………………………………………

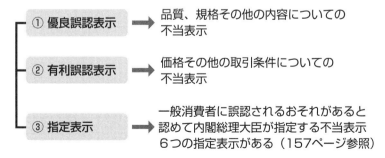

① 優良誤認表示 → 品質、規格その他の内容についての
不当表示

② 有利誤認表示 → 価格その他の取引条件についての
不当表示

③ 指定表示 → 一般消費者に誤認されるおそれがあると
認めて内閣総理大臣が指定する不当表示
6つの指定表示がある（157ページ参照）

３つの類型に共通する要件について

前述のとおり、優良誤認表示、有利誤認表示、指定表示（内閣総理大臣が指定する表示）の３つが不当表示規制に該当しますが、これらの類型に共通する要件は、次のとおりです。

① **表示**

景表法上の「表示」とは、「顧客を誘引するための手段として、事業者が自己の供給する商品または役務の内容または取引条件その他これらの取引に関する事項について行う広告その他の表示であって、内閣総理大臣が指定するもの」であると定義されています。そして、景表法上の「表示」として「内閣総理大臣が指定するもの」は、下記の５つです。

・商品、容器または包装による広告その他の表示およびこれらに添付した物による広告

・見本、チラシ、パンフレット、説明書面その他これらに類似する物による広告その他の表示（ダイレクトメール、ファクシミリ等によるものを含む）および口頭による広告その他の表示（電話によるものを含む）

・ポスター、看板（プラカードおよび建物または電車、自動車等に記載されたものを含む）、ネオン・サイン、アドバルーン、その他これらに類似する物による広告および陳列物または実演による広告

・新聞紙、雑誌その他の出版物、放送（有線電気通信設備または拡声機による放送を含む）、映写、演劇または電光による広告

・情報処理の用に供する機器による広告その他の表示（インターネット、パソコン通信等によるものを含む）

② **顧客を誘引するための手段として行われるもの**

事業者の主観的な意図や企画の名目は問題にならず、客観的に見たときに顧客取引のための手段になっているかどうかによって判断されます。また、新規の顧客の誘引にとどまらず、既存の顧客の継続・取

引拡大を誘引することも含まれます。

③ **事業者**

　営利企業だけではなく、経済活動を行っている者すべてが事業者に該当します。そのため、営利を目的としない協同組合・共済組合や、公的機関・学校法人・宗教法人などであっても、経済活動を行っている限りにおいて事業者に該当します。

④ **自己の供給する商品または役務（サービス）の取引にかかる事項について行うこと**

　「自己の」供給する商品・サービスに限られます。そのため、新聞社・放送局・広告会社などが、他社であるメーカーなどの商品・サービスの広告を行う場合は、不当表示規制の対象外となります。

■ 不当表示規制の要件 ……………………………………………

表 示

　包装による広告、パンフレット、ポスター、
　新聞紙、雑誌など、指定されているもの

顧客を誘引するための手段として行われるもの

　事業者の主観的な意図ではなく、客観的に判断する

事業者

　経済活動を行っている者すべてが含まれる

**自己の供給する商品・サービスに関する
取引について行われる表示**

　対象は自社の供給する商品・サービスに限られる
　他社の商品・サービスの広告は含まれない

優良誤認表示にあたる場合とは

商品・サービスの品質・規格などの内容についての不当表示

優良誤認表示について

　景表法では、商品やサービスの品質、規格などの内容について、実際のものや事実に相違して競争事業者のものより著しく優良であると一般消費者に誤認される表示を優良誤認表示として禁止しています。

　ここにいう「著しく」とは、誇張・誇大の程度が社会一般に許容されている程度を超えていることを指します。そして、誇張・誇大が社会一般に許容される程度を超えるものであるか否かは、当該表示を誤認して顧客が誘引されるか否かで判断され、その誤認がなければ顧客が誘引されることが通常ないであろうと認められる程度に達する誇大表示であれば「著しく優良であると一般消費者に誤認される」表示にあたります。

　優良誤認表示については、ⓐ内容について、実際のものよりも著しく優良であると一般消費者に対して示す表示、ⓑ内容について、事実に相違して競争事業者のものよりも著しく優良であると一般消費者に対して示す表示、という2つに分類できます。

　具体的には、商品・サービスの品質を、実際のものより優れていると広告する場合や、競争事業者が販売する商品よりも特別に優れているわけではないのに、あたかも優れているかのように広告を行うと、優良誤認表示に該当することになります。

　消費者庁の資料によると、優良誤認表示の具体例として、以下のようなものがあります。

① **内容について、一般消費者に対し、実際のものよりも著しく優良であると一般消費者に対して示す表示**

・国産有名ブランド牛肉であるかのように表示して販売していたが、実はただの国産牛肉で、国産ブランド牛肉ではなかった。

・「入院1日目から入院給付金を支払う」と表示していたが、入院後に診断が確定した場合には、その日からの給付金しか支払われないシステムになっていた。

・天然ダイヤモンドを使用したネックレスのように表示していたが、実は使われているのは、すべて人造ダイヤだった。

・「カシミヤ100％」と表示していたセーターが、実はカシミヤ混用率が50％しかなかった。

② 内容について、事実に相違して競争事業者のものよりも著しく優良であると一般消費者に対して示す表示

・「この機能がついているのはこのスマートフォンだけ」と表示していたが、実は他社のスマートフォンにも同じ機能が搭載されていた。

・健康食品に「栄養成分が他社の2倍」と表示していたが、実は同じ量しか入っていなかった。

■ 優良誤認表示 ……………………………………………………………

① 実際のものよりも著しく優良であると示すもの
② 事実に相違して競争関係にある事業者に係るものよりも著しく優良であると示すもの

 であって

不当に顧客を誘引し、一般消費者による自主的かつ合理的な選択を阻害するおそれがあると認められる表示

優良誤認表示の禁止

（具体例）
・商品・サービスの品質を、実際よりも優れているかのように宣伝した
・競争業者が販売する商品・サービスよりも特に優れているわけではないのに、あたかも優れているかのように宣伝する行為

5 不実証広告規制とは

合理的な根拠を有しないまま表示をして販売をしてはいけない

■ 優良誤認表示に関する不実証広告規制とは

　不実証広告規制とは、消費者が適正に商品やサービスを選択できる環境を守るための規制です。景表法では、内閣総理大臣（内閣総理大臣から委任を受けた消費者庁長官）は、商品の内容（効果・効能など）について、優良誤認表示に該当するか否かを判断する必要がある場合には、期間を定めて、事業者に対して、表示の裏付けとなる合理的な根拠を示す資料の提出を求めることができます。提出期限は、原則として、消費者庁長官が資料の提出を求める文書を交付した日から15日を経過するまでの期間（正当な事由がある場合を除く）とされ、厳しいものとなっています。この期限内に事業者が求められた資料を提出できない場合には、当該表示は優良誤認表示とみなされます。

■ 「合理的な根拠」の判断基準

　合理的な根拠の判断基準としては、以下の要素が必要です。

① 　提出資料が客観的に実証された内容のものであること

　客観的に実証された内容のものとは、次のいずれかに該当するものをいいます。

ⓐ 　試験・調査によって得られた結果

　試験・調査は、関連する学術界または産業界で一般的に認められた方法または関連分野の専門家多数が認める方法により実施する必要があります。学術界または産業界で一般的に認められた方法または関連分野の専門家多数が認める方法が存在しない場合には、社会通念上および経験則上妥当と認められる方法で実施する必要があります。上記

の方法で実施されている限り、事業者自身や当該事業者の関係機関が行った試験・調査であっても、表示の裏付けとなる根拠として提出することが可能です。

なお、消費者の体験談やモニターの意見等を根拠として提出する場合には、統計的に客観性が十分に確保されている必要があります。

ⓑ 専門家、専門家団体若しくは専門機関の見解または学術文献

見解・学術文献の基準とは、専門家等が客観的に評価した見解または学術文献で、当該専門分野で一般的に認められているものが求められます。

② 表示された効果、性能と提出資料によって実証された内容が適切に対応していること

提出資料がそれ自体として客観的に実証された内容のものであることに加え、表示された効果、性能が提出資料によって実証された内容と適切に対応していなければなりません。

■ 不実証広告規制の対象となる具体的な表示 ……………………

1 ダイエット食品の痩身効果

食事制限をすることなく痩せられるかのように表示していた

2 生活空間におけるウィルス除去等の効果

商品を使用するだけで、商品に含まれる化学物質の効果により、身の回りのウィルスを除去するなど、周辺の空間を除菌等するかのように表示をしていた

3 施術による即効性かつ持続性のある小顔効果

施術を受けることで直ちに小顔になり、かつ、それが持続するかのように表示をしていた

4 高血圧等の緩解または治癒の効果

機器を継続して使用することで頭痛等が緩解するだけでなく治癒するかのように、また、高血圧等の特定の疾病もしくは症状も緩解または治癒するかのように表示をしていた

6 有利誤認表示にあたる場合とは

価格などの取引条件についての規制

有利誤認表示について

　景表法では、商品やサービスの価格などの取引条件について、実際のものや事実に相違して競争事業者のものよりも著しく有利であると一般消費者に誤認される表示を有利誤認表示として禁止しています。

　また、景表法では、有利誤認表示のひとつとして、不当な二重価格表示を禁止しています。二重価格表示は、その内容について適正な表示が行われている場合には、一般消費者の適正な商品選択に資する面がありますが、比較対照価格の内容について適正な表示が行われていない場合には、有利誤認表示に該当するおそれがあります。

　有利誤認表示は、次の2つに分類されます。

① **価格やその他の取引条件について、実際のものよりも著しく有利であると一般消費者に誤認される表示**

・住宅ローンについて、「○月○日までに申し込めば優遇金利」と表示したが、実際には、優遇金利は借入れ時期によって適用が決まるものであった。

・みやげ物の菓子について、内容の保護としては許容される限度を超えて過大な包装を行っていた。

② **価格やその他の取引条件が、競争事業者のものよりも著しく有利であると一般消費者に誤認される表示**

・他社の売価を調査せずに「地域最安値」と表示したが、実は近隣の店よりも割高な価格だった。

・「無金利ローンで買い物ができるのは当社だけ」と表示したが、実は他社でも同じサービスを行っていた。

不当な二重価格表示における問題点

「当店通常価格」「セール前価格」などといった過去の販売価格を比較対照価格とする二重価格表示を行う場合に、同一の商品について最近相当期間にわたって販売されていた価格とはいえない価格を比較対照価格に用いるときは、当該価格がいつの時点でどの程度の期間販売されていた価格であるかなど、その内容を正確に表示しない限り、不当表示に該当するおそれがあります。

ある比較対照価格が「最近相当期間にわたって販売されていた価格」にあたるか否かは、当該価格で販売されていた時期および期間、対象となっている商品の一般的価格変動の状況、当該店舗における販売形態等を考慮しつつ、個々の事案ごとに検討されます。一般的には、二重価格表示を行う最近時において、当該価格で販売されていた期間が、当該商品が販売されていた期間の過半を占めている場合には、「最近相当期間にわたって販売されていた価格」とみてよいとされています。

■ 有利誤認表示 ....

> ① 実際のものよりも取引の相手方に著しく有利であると一般消費者に誤認されるもの
> ② 競争事業者に係るものよりも取引の相手方に著しく有利であると一般消費者に誤認されるもの

 であって

> 不当に顧客を誘引し、一般消費者による自主的かつ合理的な選択を阻害するおそれがあると認められる表示

有利誤認表示の禁止

（具体例）
・商品・サービスの取引条件について、実際よりも有利であるかのように宣伝した
・競争業者が販売する商品・サービスよりも特に安いわけでもないのに、あたかも著しく安いかのように宣伝する行為

7

指定表示に該当する場合とは

一般消費者に誤認されるおそれがあると認められ、内閣総理大臣が指定する表示

その他誤認されるおそれのある表示（指定表示）

　景表法には、法自体に要件が定められている優良誤認表示・有利誤認表示の２つの不当表示の他に、内閣総理大臣が指定する不当表示があります。複雑化し、高度化した現代の経済社会においては、優良誤認表示・有利誤認表示だけでは、消費者の適正な商品選択を妨げる表示に十分な対応ができないため、「指定表示」が設けられています。

　現在は、次の６つが指定されています。

① **無果汁の清涼飲料水等についての表示**

　対象となる商品は２つあります。１つは、原材料に果汁や果肉が使われていない容器・包装入りの清涼飲料水など（清涼飲料水・乳飲料・発酵乳・乳酸菌飲料・粉末飲料・アイスクリーム類・氷菓）です。もう１つは、原材料に僅少な量の果汁や果肉が使われている容器・包装入りの清涼飲料水などです。

　これらの商品について、無果汁・無果肉であることや、果汁・果肉の割合を明瞭に記載しないのに、果実名を用いた商品名の表示などをすることが不当表示となります。

② **商品の原産国に関する不当な表示**

　２つの行為類型が規定されています。１つは、国産品について外国産品と誤認されるおそれのある表示です。もう１つは、外国産品について国産品・他の外国産品と誤認されるおそれのある表示です。これらの表示が不当表示であると規定されています。

③ **消費者信用の融資費用に関する不当な表示**

　消費者に対するローンや金銭の貸付において、実質年率が明瞭に記

載されていない場合は不当表示にあたると規定されています。

④ おとり広告に関する表示

　広告・チラシなどで商品・サービスがあたかも購入できるかのように表示しているが、実際には記載されたとおりに購入できないものであるにもかかわらず、消費者がこれを購入できると誤認するおそれがあるものが不当表示であると規定されています。具体例としては、次のものが不当表示となります。

・セール期間中のチラシに「超特価商品10点限り！」と表示しているにもかかわらず、実際には、その商品を用意していなかった、または表示していた量より少ない量の商品しか用意していなかった。

⑤ 不動産のおとり広告に関する表示

　具体例としては、次のものが不当表示となります。

・不動産賃貸仲介業者が、ウェブサイトである賃貸物件を掲載していたが、実際にはその物件はすでに契約済みであった。

⑥ 有料老人ホームに関する不当な表示

　具体例としては、次のものが不当表示となります。

・有料老人ホームが、入居希望者に配ったパンフレットには24時間の看護体制をとっていると表示していたが、実際には24時間体制はとっておらず、事実とは異なるものであった。

■ 内閣総理大臣が指定する不当表示 ……………………………

1	無果汁の清涼飲料水等についての表示
2	商品の原産国に関する不当な表示
3	消費者信用の融資費用に関する不当な表示
4	おとり広告に関する表示
5	不動産のおとり広告に関する表示
6	有料老人ホームに関する不当な表示

8

事業者は管理体制を構築する必要がある

不当表示等を未然に防止するための措置を採る必要がある

求められる体制の構築

景品類の提供もしくは自己の供給する商品・役務について一般消費者向けの表示を行っている事業者は、その規模や業務の態様、取り扱う商品またはサービスの内容等に応じて、不当表示等（景表法に違反する過大な景品類の提供および不当表示）を未然に防止するために必要な措置を講じなければなりません。

なお、従来から景表法および景表法の規定に基づく公正競争規約を遵守するために必要な措置を講じている事業者にとっては、新たに、特段の措置を講じることが求められるものではありません。

事業者が講ずべき措置の具体的な内容として、おもに①景表法の考え方の周知・啓発、②法令遵守の方針等の明確化、③表示等（景品類の提供または自己の供給する商品・役務の一般消費者向けの表示）に関する情報の確認、④表示等に関する情報の共有、⑤表示等を管理するための担当者等を定めること、⑥表示等の根拠情報を事後的に確認するために必要な措置を採ること、⑦不当な表示等が明らかになった場合における迅速かつ適切な対応が挙げられます。

それぞれの措置について、詳しく見ていきましょう。

景表法の考え方の周知・啓発

不当表示等を防止するために、表示等に関与している自社の役員および従業員にその職務に応じた周知・啓発を行う必要があります。特に、周知・啓発を行うにあたって、表示等が一般消費者にとって商品・役務を購入するかどうかを判断する重要な要素になっていること、

そして、その商品・役務について多くの情報・知識を持っている事業者が正しい表示等を行うことで、一般消費者の利益が保護されることを、役員・従業員等に十分に理解させる必要があります。従業員等が景表法の考え方を周知・徹底することで、一般消費者だけでなく、ひいては事業者やその事業者が関係する業界全体の利益にもなることを十分理解する必要があります。

法令遵守の方針などの明確化

事業者は、不当表示等を防止するために、自社の景表法を含む法令遵守の方針・手順等をあらかじめ明確にしておかなければなりません。

もっとも、不当表示等を防止する目的に限って法令遵守の方針等を定めることを求めているものではありません。一般的な法令遵守の方針等があれば、それで足りると考えられています。

たとえば、社内規程の中に法令遵守の方針等として、法令違反があった場合の対処方針や対処内容、不当表示等については、不当表示等が発生した場合の連絡体制・商品等の回収方法、関係行政機関への報告手順を定めておくことが挙げられます。

表示等に関する情報の確認

事業者は、①景品類を提供しようとする場合における違法とならない景品類の価額の最高額・総額・種類・提供の方法等、②商品・役務の長所や特徴を消費者に知らせるための内容等について積極的に表示を行う場合における、その表示の根拠となる情報、の2点に注意して確認を行う必要があります。

ここにいう「確認」が行われたと言えるかは、おもに表示等の内容、その検証の容易性や、事業者が払った注意の内容・方法等を考慮して個別具体的に判断されます。たとえば、商品の内容等について積極的に表示を行う場合には、商品等の直接の仕入れ先に関する確認や、商

品自体の表示の確認など、事業者が当然把握できる範囲の情報について、表示の内容等に応じて適切に確認することが通常求められると考えられます。もっとも、すべての場合について、商品の流通過程をさかのぼって調査を行うことや、商品の鑑定・検査等を行うことまでを求められるものではありません。

　また、商品・役務の提供について段階があるときは、業種によっては、提供する商品を企画する段階、材料の調達段階、調達した材料の加工（製造）段階、加工物を商品として実際に提供する段階など、複数の段階における情報の確認を組み合わせて実施することが必要になる場合もあることに留意する必要があります。

┃ 表示等に関する情報の共有

　表示等に関して確認した情報について、事業者内の表示等に関係する各部門において、不当表示等を防止する上で必要な場合に、情報を共有・確認できる体制を整えておく必要があります。特に部門が細分化されている事業者においては、商品等の企画・製造・加工などを行う部門と、実際に表示等を行う営業・広報部門等との間における情報共有が不十分であるために、不当表示等が発生することが少なくありません。その場合は、社内ネットワークや共有ファイル等を活用して、従業員が必要に応じて、表示の根拠になる情報を閲覧・伝達できるシステムを構築しておく必要があります。

┃ 表示等を管理する担当者等の決定

　事業者は、表示等に関する事項の適正な管理のため、表示等を管理する担当者または担当部門（表示等管理担当者）をあらかじめ定める必要があります。表示等管理担当者を定める上では、表示等管理担当者が表示等に関して監視・監督権限を持っていること、景表法の知識習得に努めていること、表示等管理担当者が複数存在する場合には、

それぞれの権限の範囲が明確であることが重要です。

　また、表示等管理担当者に関して、事業者内部で誰が担当者であるのかを周知する方法が確立していることも重要です。もっとも、既存の管理部門や法務部門に、表示等管理業務を担当させるのであれば、新たに表示等管理担当者を設置する必要はありません。

表示等の根拠情報を事後的に確認するための措置を採る

　事業者は商品・役務の表示等に関する情報について、表示等の対象となる商品・役務が一般消費者に供給され得ると考えられる期間に渡り、その情報を事後的に確認するために必要な措置を採らなければなりません。たとえば、商品の賞味期限に関する情報については、その期限に応じた期間に渡り、必要な資料を保管等する必要があります。

不当な表示等が明らかになった場合における迅速かつ適切な対応

　事業者は、特定の商品やサービスに景表法違反、または、そのおそれがある事案が明らかになった場合に、事実関係を迅速・正確に確認し、消費者の誤認排除を迅速かつ適正に行う体制を整備しておかなければなりません。

　また、誤認した消費者のみではなく、以後の誤認を防止するために、一般消費者に認知させるための措置をとる必要があります。

■ 景品の提供・表示について事業主が講ずべき管理上の措置 …

事業者が講ずべき表示等の管理上の措置の内容
① 景表法の考え方の周知・徹底　② 法令遵守の方針等の明確化
③ 表示等に関する情報の確認　　④ 表示等に関する情報の共有
⑤ 表示等の管理担当者の決定
⑥ 表示等の根拠になる情報の事後的な確認方法の確保
⑦ 不当表示等が明らかになった場合の迅速・適切な対応の整備

9

措置命令について知っておこう

不当表示に関して調査し、是正・排除を求める権限を持つ

消費者庁の措置命令ではどんなことを命じられるのか

　景表法に違反する過大な景品類の提供（4条）や不当表示（5条）が行われている疑いがある場合、消費者庁は、事業者から事情を聴取したり、資料を収集したりして調査を実施します。

　その結果、事業者が景表法違反の過大な景品類の提供や不当表示をしていると判断した場合、消費者庁は、その事業者に対し、違反行為の差止め、一般消費者に与えた誤認の排除、再発防止策の実施、今後違反行為をしないことなどを命ずる行政処分を行います。このような行政処分のことを措置命令といいます。

　なお、公正取引委員会にも景表法違反に関する調査を行う権限はありますが、措置命令を行う権限はありません。

消費者庁の措置命令が出される場合と手続き

　景表法では、内閣総理大臣が措置命令などの権限を行使すると規定しています。しかし、過大な景品類の提供や不当表示を取り締まるのは、景表法を所管する消費者庁の役割です。そこで、消費者庁が措置命令に関する手続きを進めて行くことになります。景表法に違反する行為に対する措置命令の手続のおもな流れは、以下のとおりです。

① 調査のきっかけとなる情報の入手

　景表法違反の調査は、違反行為として疑われる情報を入手することがきっかけで始まります。違反事件の調査を始めるきっかけとなる情報をつかむことを端緒といいます。景表法においては、端緒に法的な限定はありません。一般的には、一般消費者・関連事業者・関連団体

からの情報提供や、職権による探知などがあります。

② **調査**

　景表法違反の行為に関する調査のための権限および手続は、一般的な行政調査権と同じ手続によって行われるのが原則です。

　調査の主体は、消費者庁から公正取引委員会に委任されていますが、消費者庁自身も調査できるとしているので、消費者庁と公正取引委員会の双方がそれぞれ、または共同して調査を行っています。

③ **事前手続（弁明の機会の付与）**

　行政庁が不利益処分（名宛人の権利を制限し、または名宛人に義務を課する処分）を行う場合には、その処分の相手（名宛人）となるべき者の権利保護のため、事前手続として弁明の機会を付与することが必要です。措置命令も不利益処分に該当しますので、消費者庁は事業者に対し、事前に弁明の機会を付与しなければなりません。

　なお、不当表示のうち優良誤認表示が疑われる事実がある場合、消費者庁は、事業者に対して、期間を定めて表示の裏付けになる合理的な根拠を示す資料の提出を求めることができます。提出ができないと、措置命令に際し事業者は不当表示を行ったとみなされます。

■ **措置命令の手続** ･･･

```
┌─────────────────────────────────┐
│   調査のきっかけ（端緒）となる情報の入手   │
└─────────────────────────────────┘
                 ▼
┌─────────────────────────────────┐
│  消費者庁と公正取引委員会の双方による調査   │
└─────────────────────────────────┘
                 ▼
┌─────────────────────────────────┐
│     事前手続（弁明の機会の付与）        │
└─────────────────────────────────┘
                 ▼
┌─────────────────────────────────┐
│ 事業者が過大な景品類の提供や不当表示を行っていると │
│   判断した場合には、消費者庁が措置命令を行う    │
└─────────────────────────────────┘
```

以上の手続きを経て、なお事業者が不当表示や過大な景品類の提供を行っていると判断した場合には、消費者庁が措置命令を行います。

措置命令はどのような内容なのか

措置命令の内容は、主文、事実、法令の適用、法律に基づく教示の4つの項目からなっています。また、主文では、次の事項が命じられることになります。

・差止命令

過大な景品や不当な広告などを中止すること

・再発防止策の実施

今後、同様の行為を行わないこと、同様な表示が行われることを防止するための必要な措置を講じ、役職員に徹底すること

・差止命令や再発防止策実施に関する公示

違反行為があった事実について、取引先への訂正通知や一般消費者に向けて新聞広告などを行うこと

・その他必要な事項

措置命令に基づき行ったことを消費者庁長官に報告することなど

措置命令に不服がある場合はどうする

措置命令を不服として争うための手続は、行政不服審査法に基づく審査請求、または行政事件訴訟法に基づく取消訴訟です。

審査請求は、行政機関への申立てによって措置命令の取消しを請求する場合であり、措置命令を知った日の翌日から起算して3か月以内かつ措置命令の日の翌日から起算して1年以内に、書面で消費者庁長官に対して申し立てます。

これに対し、取消訴訟は、裁判所への訴訟の提起によって措置命令の取消しを請求する場合であり、措置命令を知った日の翌日から起算して6か月以内かつ措置命令の日の翌日から起算して1年以内に、国

（法務大臣）を被告として訴訟を提起します（審査請求を行った場合には、その裁決があった日の翌日から起算します）。

都道府県知事によって措置命令が行われることもある

　措置命令については、消費者庁のみでは景表法に違反するかどうかの判断などについて限界がある点や、地方主導で措置命令が行われることが適切である場合もある点から、措置命令を行う権限が都道府県知事にも付与されています。また、公正取引委員会や関係省庁にも景表法に違反するかどうかの調査を行う権限が付与されています。

確約制度と直罰制度の新設（令和5年成立の改正）

　令和5年成立の景表法改正で、過大な景品類の提供や不当表示の疑いのある事実が認められる事業者が是正措置計画を申請し、消費者庁長官から認定を受けた場合、当該事実について措置命令や課徴金納付命令の適用を受けないとする制度（確約手続）が新設されました。

　また、不当表示のうち優良誤認表示と有利誤認表示に対して、直罰制度（措置命令などの行政処分を経ることなく直ちに罰則が適用される制度）が新設されました。

■ 措置命令を不服として争うための手続 ……………………………

審査請求は書面で消費者庁長官に対して申し立てる

措置命令を知った日の翌日から起算して3か月以内かつ措置命令の日の翌日から起算して1年以内に申し立てる

訴訟によって措置命令の取消しを請求する場合

措置命令を知った日の翌日から起算して6か月以内かつ措置命令の日の翌日から起算して1年以内に、国（法務大臣）を被告として取消訴訟を提起する

10

課徴金制度について知っておこう

不当表示に対する経済的な制裁制度

課徴金制度とは

かつて不当表示等（景表法に違反する過大な景品類の提供および不当表示）に対する強制的な措置としては、消費者庁を中心に、違反行為の差止めや再発防止のための措置を求める行政処分である措置命令が行われるのみでした。しかし、大規模な事業者による食品偽装事例が相次ぎ、消費者の利益が侵害される程度が著しいことから、より積極的に不当表示等に対する対策が必要になりました。そこで、課徴金制度が創設され、不当表示等の歯止めになることが期待されています。

不当表示には、①優良誤認表示、②有利誤認表示、③指定表示の3種類があります（147ページ）。これらのうち、課徴金制度の対象になる不当表示は、①優良誤認表示が行われた場合と、②有利誤認表示が行われた場合に限定されています。さらに、過大な景品類の提供は課徴金納付命令の対象とされていません。

また、消費者庁は、事業者が提供する商品・サービスの内容について、優良誤認表示に該当するかどうかを判断するために必要があると認める場合、事業者に対し、優良誤認表示にあたらないことについて合理的な根拠資料の提出を求めることができます。この場合、そのような資料を事業者が提出できないときは、その表示が優良誤認表示に該当すると推定され、課徴金納付命令の対象となります。この不実証広告規制は、措置命令との関係では「優良誤認表示に該当するとみなされる」ことになりますが（152ページ）、課徴金納付命令との関係では「優良誤認表示に該当すると推定される」ことになります。

ただし、事業者が課徴金対象行為（課徴金納付命令の対象となる不

当表示）をした場合であっても、課徴金対象行為に該当することを知らず、かつ、知らないことについて相当の注意を怠った者でない（正常な商慣習に照らし必要とされる注意をしていた者）と認められるときは、課徴金納付命令の対象となりません。

　また、課徴金額が150万円未満（事業者が課徴金対象行為をした商品・サービスの「売上額」が5000万円未満）であるときも、課徴金納付命令の対象となりません。

▌課徴金額の決定

　課徴金納付命令を行うための要件を満たすと、消費者庁は、事業者に対して課徴金納付命令を行います。このとき、納付を命じる課徴金の金額は、次のような基準で決定されます。

　課徴金納付命令の基礎になる不当表示の期間（課徴金対象期間）については、原則として、①課徴金対象行為をした期間、②課徴金対象行為を止めた日から最大6か月以内に取引をした期間、が課徴金対象期間となります。もっとも、①②の期間が3年を超えるときは、当該期間の末日からさかのぼって3年間が課徴金対象期間となります。つ

■ 課徴金納付命令の流れ ･･････････････････････････････････････

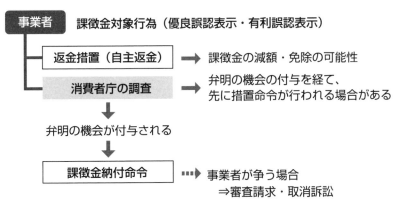

まり、課徴金対象期間が３年を超えることはありません。

また、課徴金額は、課徴金対象行為に関する商品・サービスの「売上額」の３％になります。具体的には、課徴金対象期間に課徴金対象行為を行った商品・サービスの売上金額の３％が課徴金として課されることになります。

なお、令和５年成立の景表法改正で、課徴金の計算の基礎となるべき事実を把握できない期間における売上額を推計できる規定が整備されました。

具体的には、課徴金納付命令をする場合において、事業者が課徴金対象行為に関する課徴金の計算の基礎となるべき事実について報告を求められたにもかかわらずその報告をしないときは、消費者庁長官は、当該事業者に関する課徴金対象期間のうち「当該事実の報告がされず課徴金の計算の基礎となるべき事実を把握することができない期間」における売上額を、当該事業者または当該課徴金対象行為に関する商品・サービスを供給する他の事業者もしくは当該商品・サービスの供給を受ける他の事業者から入手した資料その他の資料を用いて、合理的な方法により推計して、課徴金の納付を命じることができるようになりました。

もう一つ、令和５年成立の景表法改正で、違反行為からさかのぼって10年以内に課徴金納付命令を受けたことがある事業者に対し、課徴金の額を1.5倍に加算する規定が新設されました。

具体的には、事業者が、基準日（課徴金対象行為に関する事案について、報告徴収等や資料の提出の求めなどが行われた日のうち最も早い日のこと）からさかのぼって10年以内に、課徴金納付命令（当該課徴金納付命令が確定している場合に限ります）を受けたことがあり、かつ、当該課徴金納付命令の日以後において課徴金対象行為をしていた者であるときは、課徴金額が「３％」ではなく「4.5％」となり、課徴金額が1.5倍に加算されることになりました。

▌返金措置による課徴金額の減額・免除

　事業者が、返金措置の実施に関する計画を作成し、消費者庁長官の認定を受けるなど、所定の手続に従い消費者に返金措置を行った場合には、返金相当額を課徴金額から減額するか、返金相当額が課徴金額以上の場合にはその納付を命じません（免除）。

　ここで「返金措置」とは、課徴金対象期間に事業者が課徴金対象行為をした商品・サービスの取引をしたことが特定される一般消費者から申出があった場合に、その申出をした一般消費者の購入額に３％を乗じた額以上の金銭などを交付するものです。

　この返金措置について、令和５年成立の景表法改正で、一般消費者への返金方法として、金銭による返金に加えて、第三者型前払式支払手段（電子マネーなど）も許容されることになりました。

■ 課徴金制度をめぐる改正のまとめ ……………………………………

1 事業者の自主的な取り組みの促進

● 優良誤認表示等の疑いのある表示等をした事業者が是正措置計画を申請し、内閣総理大臣から認定を受けたときは、当該行為について、措置命令及び課徴金納付命令の適用を受けないこととすることで、迅速に問題を改善する制度を創設した
⇒ 景表法26条〜33条

● 特定の消費者へ一定の返金を行った場合に課徴金額から当該金額が減額される返金措置に関して、返金方法として金銭による返金に加えて第三者型前払式支払手段（いわゆる電子マネー等）が許容された
⇒ 景表法10条

2 違反行為に対する抑止力の強化の見直し

● 課徴金の計算の基礎となるべき事実を把握することができない期間における売上額を推計することができる規定を整備した
⇒ 景表法8条4項

● 違反行為からさかのぼり10年以内に課徴金納付命令を受けたことがある事業者に対し、課徴金の額を加算（1.5倍）する規定を新設した
⇒ 景表法8条5項及び6項

11

景表法違反の案件が発生した場合の対応について

対応を誤れば企業存続の危機を招く

実際に問題が起きた場合にはどうする

　企業が景表法違反の行為をすることは、消費者の信用を大きく失うことにつながりかねません。企業に消費者庁・公正取引委員会の調査が入り、自社の商品・サービスに景表法違反の疑いがあるとされた場合には、企業の危機だと認識しなければなりません。自らも直ちに調査を始め、早急に景表法違反の事実があったかどうかについて、明確な結論を公表する必要があります。また、調査に時間がかかるようであれば、暫定的な処理として、景表法違反のおそれがある行為などを中止しなければなりません。

　事件発覚時にどのように対応したかが、社会的な非難を拡大させるかどうかに大きな影響を与えます。景表法違反の（または景表法違反の疑いがある）案件が発生した場合において、企業が行うべき対応の一般的な流れを見ておきましょう。

①　事件発覚
②　調査・原因の究明
③　対応方針の検討、決定
④　対応体制の確立
⑤　公式見解の検討、作成
⑥　対策の実施（実施を検討すべき具体的な対策には、次ページ図に掲げるものがあります）
⑦　信頼回復策の企画、実施
⑧　長期的企業イメージ回復策の検討、着手（実施）

どんな場合に違反が発覚するのか

　不当表示などの景表法違反が判明する端緒には、大きく分けて、次の2つが考えられます。

① 　内部通報や内部監査といった社内調査の過程から発覚するなど、企業自身の内部から発覚するケース

② 　消費者庁や公正取引委員会といった国の行政機関や、都道府県、マスメディアなど、外部から発覚するケース

　外部から発覚した場合であっても、その元をたどれば、企業内部の人間が、外部である監督官庁やマスメディアに告発したものが多いとものと予想されます。特に内部告発者を保護することを目的として制定された「公益通報者保護法」が平成16年（2004年）に施行されてからは、その傾向は強くなっています。

■ 実施を検討すべき具体的な対策 ……………………………………

対　策	具体的内容
マスメディア対策	マスメディア対応の一元化、プレスリリース作成、記者会見（記者発表）、報道の分析など
消費者対策	広告（広告物）の中止（回収）、ホームページやSNSなどの当該表示の削除、謹告（お詫び広告）
商品の回収	回収窓口設置、対応マニュアルの作成、対応要員の配置（訓練）
官公庁対策	調査対応、状況説明（報告）
取引先対策	状況説明（報告）、社名での文書配布
消費者団体対策	状況説明（報告）
業界（団体）対策	状況説明（報告）
社内対策	トップからのメッセージ（文書）

12

調査対象となった場合の企業のとるべき対応について

不実証広告規制の資料提出は期限を厳守する

調査対象となった場合はどうするか

　消費者庁長官は、調査の必要があると認めた場合、景表法違反の事実が存在するかどうかの調査を行います。こうした行政機関による調査は、相手方が協力してくれる場合は、任意的に進められるのが一般的です。しかし、法令違反に関する調査では、相手方の充分な協力が期待できないことが多いので、景表法では、違反行為があると認める場合に、課徴金納付命令や勧告といった必要な措置を講じることができるようにするため、消費者庁長官（委任を受けている公正取引委員会や都道府県知事を含む）に対し、次の権限を付与しています。

・事件関係者から報告させること（報告の徴収）

・帳簿書類その他の物件の提出を命じること

・事件関係者の事務所・事業所など必要な場所に立ち入り、帳簿書類などの物件を検査し、関係者に質問すること（立入調査）

　景表法に基づく調査は、相手方が従わない場合、罰則によって間接的に履行を担保されます。具体的には、調査の拒否・妨害などをした者には1年以下の懲役または300万円以下の罰金が科せられます。

　消費者庁などの調査対象とされた企業は、直ちに対応策を講じることが必要です。すでに危機管理委員会などの組織が社内に設置されていれば、その組織を中心に対応策を講じるべきでしょう。そうした組織が整備されていない場合は、社長をトップとするプロジェクトチームを立ち上げることが望ましいです。提出資料・回答内容によっては詐欺罪や不正競争防止法違反などの証拠とされる可能性もあるので、弁護士のアドバイスを得ながら対応策を講じることが必要です。

不実証広告規制の資料の提出を求められた場合はどうするか

　消費者庁長官は、事業者による表示が優良誤認表示に該当するか否かを判断する必要がある場合には、その事業者に対して、表示の裏付けとなる合理的な根拠を示す資料の提出を求めることができます。

①　提出期限を厳守する

　景表法7条2項に基づく措置命令に係る資料の提出期限は、原則として、消費者庁長官が資料の提出を求める文書を交付した日から15日を経過するまでの期間（正当な事由がある場合を除く）です。時間はきわめて限られています。そのような資料が事前に準備できていない場合には、即座に準備を開始しなければなりません。

　提出期限の延長は、自然災害など不可抗力以外は認められないと考えておいた方がよいでしょう。また、期限内に提出できる資料だけを期限内に出し、期限後に追加資料を出すという方法も理屈の上ではあるでしょう。しかし、消費者庁の側は、たとえ期限後に提出した資料が合理的なものであっても、措置命令の執行は免れないという姿勢を保っています。したがって、期限内にできる限りの資料を提出するべく最大限の力を注ぐことが大事だといえます。

②　ガイドラインに基づいて資料を準備する

　景表法7条2項に関しては、「不当景品類及び不当表示防止法第7条第2項の運用指針」というガイドラインが公表されています。したがって、提出を求められている資料は、ガイドラインに示された次の2つの要件を満たすものでなければなりません。

・提出資料が客観的に実証された内容のものであること
・表示された効果・性能と提出資料によって実証された内容が適切に
　対応していること

　まず、一つ目の「客観的に実証された内容のもの」とは、次のどちらかに該当するものとされています。

・試験・調査によって得られた結果

・専門家・専門家団体・専門機関の見解または学術文献

　さらに、ガイドラインでは、これらの試験・調査および専門家などの見解・学術文献のそれぞれについて、厳しい基準を設けていますので、一度、ガイドラインに目を通しておく必要があるでしょう。

　次に、二つ目の「表示された効果・性能と提出資料によって実証された内容が適切に対応していること」とは、資料それ自体が客観的に実証されたものであることに加え、「表示された効果・性能」が資料によって実証された内容と適切に対応していなければならない、ということを意味します。

　事件対応の点で特に考慮しなければならないのは、優良誤認表示の疑いで消費者庁長官から資料の提出を求められた場合（不実証広告規制）には、提出期限が15日後であるため、資料提出までの時間的猶予がほとんどないという点です。

　そのため、実際には優良誤認表示とはいえない場合であっても、企業が求められた資料を期限内に提出できないときには、当該表示は優良誤認表示であるとみなされ、措置命令が発令され、企業活動に多大な打撃を与えるおそれがあります。

　そこで、企業側としては、景表法に違反していないことを説明できる資料を、常日頃から、さらに言えば、商品・サービスの開発の段階から準備しておくことが望ましいといえるでしょう。

■ 措置命令への対応や指示に至らない行政指導

　景表法に違反する行為があると認定した場合であっても、消費者庁が必ずしも「措置命令」を発令するとは限りません。景表法に違反するおそれのある行為を行った事業者に対しては、「指導および助言」が行政指導として行われる場合もあります。行政指導は法的効力を有するものではありませんが、マスメディアなどで報道されることも考慮の上、真摯に対応することが望まれます。ただし、行政指導そのも

のが不当なものであれば、行政指導の趣旨などを記載した書面の交付を求め、その不当性をあくまでも立証していく必要があるでしょう。

最近の措置命令においては、景表法違反事業者に対しては、ほとんどの場合、次の3つの事項が命じられています。

① 景表法に違反したこと（過大な景品類の提供または不当表示に該当すること）を一般消費者へ周知徹底すること

一般消費者への周知徹底の方法は、具体的には、違反行為が行われた地域で発行されている新聞に広告を掲載することなどによって行うことになります。また、掲載が終わったときは、速やかに消費者庁長官に書面で報告を行うことも、通例、命令に盛り込まれています。

② 再発防止策を講じて、役員・従業員に周知徹底すること

具体的に再発防止策の内容がいかなるものであるかについては、消費者庁からは明示されないことがほとんどですが、明示された場合にはそれに従うことになります。

なお、特に、景表法違反に社長・取締役などが直接絡んでいたり、会社ぐるみであることが疑われたりする場合には、中立性確保のために、弁護士などの外部の第三者を交えた調査委員会を発足させて調査を行うことが望ましいでしょう。

■ 問題が起こる前の予防と対策 ……………………………………………

事前の対策 ← ・平常時からリスク管理体制を整えておく
・通報の受付窓口の設置など、
　内部告発を受け付ける体制を整える

景表法への
違反行為の発覚 ・適法であることを根拠付ける資料を
　商品・サービス開発の段階から準備しておく

事後の対策 ← 信頼回復のための措置の実施　など

③　今後、同様の違反行為を行わないこと

　当然のことですが、違反行為が続いている場合には、直ちにやめなければなりません。具体的な対策については、広告の中止・広告物の回収・ホームページなどの当該表示の削除、そして場合によっては商品の回収まで行う必要があるでしょう。

■ 措置命令に不服がある場合

　措置命令に不服がある場合、措置命令への不服申立てとして、まず行政不服審査法に基づき、消費者庁長官に対して「審査請求」を行うことが挙げられます。審査請求は正当な理由がある場合を除き、原則として、措置命令を受けたことを知った日の翌日から起算して3か月以内に申し立てなければなりません。審査請求は、行政庁（消費者庁長官）に対して、違法・不当な行政処分（措置命令）を再考する余地を与える制度ですので、事業者にとって利用しやすい制度です。

　審査請求によって救済されない事業者は、不服を訴える手段として、行政事件訴訟法に基づく「取消訴訟」を提起することができます。審査請求の裁決に不服がある事業者は、正当な理由がある場合を除き、審査請求に関する裁決を受けたことを知った日から6か月以内に、地方裁判所に対して取消訴訟を提起しなければなりません。なお、取消訴訟は審査請求を経ずに直接提起することも可能ですが、その場合は原則として措置命令があったことを知った日から6か月以内に、措置命令の取消しの訴え（取消訴訟）を提起しなければなりません。

■ 消費者団体訴訟への対応について

　消費者契約法により認定を受けた「適格消費者団体」は、不当表示のうちの優良誤認表示・有利誤認表示（「指定表示」は対象外）の差止めなどを請求する訴訟（消費者団体訴訟）を提起することができます（消費者団体訴訟については247ページ参照）。

ただし、消費者団体訴訟を提起するときは、被告となるべき事業者に対し、あらかじめ、請求の要旨・紛争の要点などを記載した書面により差止請求をしなければなりません。その上、その事業者が差止請求を拒んだ場合を除き、その書面が到達した時から1週間を経過した後でなければ、消費者団体訴訟を提起することができません。

　したがって、消費者団体訴訟は、ある日突然提起されるということはなく、必ず事前の動きがあります。事前の交渉段階で、消費者団体の指摘が当然である場合はそれを受け入れ、事業者自ら表示の中止を申し出ることにより交渉が妥結することもあります。また、交渉が妥結にまで至らなかった場合でも、表示の中止に適切に踏み切ることによって、消費者団体の請求が裁判所に認められる要件である「現に行いまたは行うおそれがある」状態を解消することにつながる可能性もあります。冷静に対応することが大事だといえるでしょう。

■ 措置命令への対策 ……………………………………………

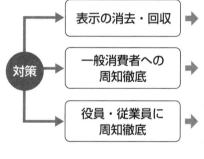

公正競争規約とはどんなものなのか

　景表法31条は、「協定または規約」について規定しています。これは、業界の事業者や事業者団体が、誇大な広告表示や過大な景品提供を防止し、こうした活動を適正に行うために定めた自主規制ルールのことで、「公正競争規約」と呼ばれ、景表法上の重要な柱となっています。

　公正競争規約は、事業者や事業者団体が、景品類や表示に関して消費者庁長官および公正取引委員会の認定を受けて、不当な顧客誘引を防止して、一般消費者による自主的・合理的な商品・サービスの選択および事業者間の公正な競争を確保するために締結するものです。また、この公正競争規約を運用するのが公正取引協議会です。

　そして、認定を受ける上で、事業者や事業者団体が満たすべき要件は4つあります。それは、①不当な顧客の誘引を防止して、一般消費者の自主的・合理的な選択を確保し、事業者間の公正な競争が確保されていること、②一般消費者等の利益を不当に害しないこと、③不当に差別的ではないこと、④公正競争規約への参加・脱退について不当に制限がないことです。

　なお、公正競争規約のポイントは、次の3つです。
・事業者団体などが自主的に定める業界ルール
・景品類の提供制限や広告・表示の適正化を目的とする
・ルールの設定・変更は、消費者庁長官および公正取引委員会の認定を受けなければならない

　参加している事業者や事業者団体が公正競争規約に違反した場合は、公正取引協議会が調査を行い、規約に従って、警告・違約金・除名などの措置が行われることになります。なお、公正競争規約に基づいて適切な措置がとられれば、景表法に基づく措置はとらないという運用も行われています。

第 6 章

個人情報保護法のしくみ

1 個人情報保護法上の重要な用語を知っておこう

個人情報保護法はさまざまな用語の定義規定を設けている

個人情報保護法はさまざまな用語の定義規定を設けている

　個人情報保護法では、「個人情報」（21ページ）とはどのようなものかについて定義を設けている他、「要配慮個人情報」「仮名加工情報」「匿名加工情報」「個人関連情報」「個人情報データベース等」「個人データ」「保有個人データ」という似た用語が登場します。ここでは、それぞれの用語の定義について説明します。

個人情報データベース等

　「個人情報データベース等」とは、特定の個人情報をコンピュータを用いて検索することができるように体系的に構成した、個人情報を含む情報の集合物をいいます。

　コンピュータを用いていない場合でも、紙面で処理した個人情報を、五十音順などの一定の規則に従って整理・分類し、特定の個人情報を容易に検索できるように、目次、索引、符号等を付して、他人によっても容易に検索可能な状態に置いているものも、「個人情報データベース等」に該当します。

　たとえば、電子メールソフトに、メールアドレスと氏名を組み合わせた情報を入力している場合におけるメールアドレス帳や、従業員が名刺の情報を業務用パソコンの表計算ソフト等を用いて入力・整理している場合などが、個人情報データベース等に該当します。

　ただし、①不特定かつ多数の者に販売することを目的として発行されたものであって、その発行が法または法に基づく命令の規定に違反して行われたものでないこと、②不特定多数の者により随時購入する

ことができ、またはできたものであること。③生存する個人に関する他の情報を加えることなくその本来の用途に供しているものであること、という3つのすべてに該当するものは、その利用方法から、個人の権利利益を害するおそれが少ないことから、個人情報データベース等には該当しません。たとえば、市販の電話帳や住宅地図、カーナビゲーションシステム等は、個人情報データベース等には該当しません。

個人情報取扱事業者

個人情報保護法は、個人情報取扱事業者に対して、さまざまな義務を負わせています。

「個人情報取扱事業者」とは、個人情報データベース等を事業の用に供している者をいいます。ここでいう「事業」には、営利事業も非営利事業も含まれ、規模の大きさも問われません。ただし、国の機関、地方公共団体、独立行政法人等は個人情報取扱事業者に含まれません。

1件でも個人情報を保有する民間事業者は、個人情報データベース等を事業に利用している限り、個人情報取扱事業者に該当します。また、法人格・権利能力のない社団（任意団体）や個人であっても、個人情報データベース等を事業で利用している場合は個人情報取扱事業者に該当します。

個人データ・保有個人データ

「個人データ」とは、個人情報データベース等を構成する個人情報をいい、「保有個人データ」とは、個人情報取扱事業者が、開示、内容の訂正、追加または削除、利用の停止、消去および第三者への提供の停止を行うことができる権限を有する個人データであって、その存否が明らかになることによって公益その他の利益が害されるものとして定められた一定のもの以外のものをいいます。

個人情報を利用するときには どんなことに注意するのか

利用目的の特定・公表や個人データの正確かつ安全な管理が必要である

利用目的の特定

　個人情報保護法は、事業者が個人情報の利用によって得る利便を認めながら、利用される側の本人の利益や権利を損なわないような利用を推進することを求めており、そのために必要な義務として、「利用目的の特定」を挙げています。

　利用目的を特定する際の表現方法については、個人情報保護委員会が出しているガイドラインの中でも詳しく示されています。これによると、「最終的にどのような事業の用に供され、どのような目的で個人情報を利用するのかが、本人にとって一般的かつ合理的に想定できる程度に特定することが望ましい」とされています。たとえば「事業活動に用いるため」「サービス向上のため」といったあいまいな表現では不十分であるとされています。利用目的は、「○○事業における商品の発送、関連するアフターサービス、新商品・サービスに関する情報のお知らせのために利用いたします」「ご記入いただいた氏名、住所、電話番号は、名簿として販売することがあります」などのように、対象となる個人情報がどのように情報が利用されるのかを明確にイメージできるような状態で特定することが必要です。

利用目的の範囲は

　利用目的の内容については、常識に反するようなものが除外されることは当然ですが、法律上は特に明確な制限はなく、幅広い用途に利用することが認められています。

　ただし、一度利用目的を特定すると、原則として現在の利用目的と

「関連性」があると合理的に認められる範囲を超えて、利用目的を変更することができなくなります。つまり、変更後の利用目的が変更前の利用目的からみて、社会通念上、本人が通常予期することができる限度であると客観的に認められる範囲内であれば、利用目的を変更することが可能です。

　なお、変更された利用目的は、本人に通知するか、または公表をしなければなりません。

利用目的による制限と利用目的を超える取扱い

　個人情報取扱事業者は、あらかじめ本人の同意を得ないで、特定された利用目的を達成するために必要な範囲を超えて個人情報を取り扱ってはいけないといった制限も受けることになります。この規定は、事業者が本人の許可なく個人情報を取り扱うことを禁じるものです。本人が「全く知らない会社から訪問販売を受ける」「不要なダイレクトメールを送付される」といった不利益を受けないようにすることを目的としています。

　このように、あらかじめ本人の同意を得ないで特定された利用目的の達成に必要な範囲を超えて、個人情報を取り扱うことができないのが原則ですが、以下のような場合については、本人の同意なく利用目的を超えた取扱いをすることが認められています。なお、個人情報取扱事業者が合併、分社化、営業譲渡などで個人情報を取得した場合、以前の利用目的を継承する範囲で個人情報を利用するのであれば、本人の同意を得なくても問題はありません。

① 　法令に基づく場合

　警察の令状や税務関係の調査などがこれにあたります。

② 　人の生命、身体または財産の保護のために必要がある場合であって、本人の同意を得ることが困難であるとき

　急病、事故などで本人の意識がないが、手術同意書への署名が必要

である場合などがこれにあたります。

③　公衆衛生の向上または児童の健全な育成の推進のために特に必要
　　がある場合であって、本人の同意を得ることが困難であるとき

　疫病情報の提供、問題行動のある児童生徒の情報を関係機関で共有
し、対処する必要がある場合などがこれにあたります。

④　国の機関や地方公共団体またはその委託を受けた者が法令の定め
　　る事務を遂行することに対して協力する必要があるときであって、
　　本人の同意を得ることにより当該事務の遂行に支障を及ぼすおそれ
　　があるときなど

　企業などの事業者等が、税務署の職員等の任意調査に対し、個人情
報を提出する場合などがこれにあたります。

利用目的の公表の方法

　特定した利用目的は、情報の取得以前に公表、あるいは取得後速や
かに本人に通知または公表することが義務付けられています。

　通知や公表の方法について具体的な規定はなく、本人に対してより
確実に知らせることができる方法を選択すればよいことになっていま
す。経済産業省ガイドラインは、個人情報を取得する場合、あらかじ
めその利用目的を公表していることが望ましいとしています。

　公表とは、不特定多数の人に広く自分の意思を知らせることを指し
ます。たとえば、チラシを作成し、掲示板に掲示する、パンフレット
を配布する、インターネットのホームページ上に見やすく掲載する、
などの方法があります。また、厚生労働省発行の医療・介護関係事業
者へのガイドラインでは、医療・介護期間で問診票や健康保険証を提
出する時に本人が認知できるよう、利用目的を院内掲示板などに明示
することを義務付けています。

　事前の公表を行っておらず、本人に通知する際には、直接本人に伝
えることができるような方法、たとえば面談、電話、郵便、メールな

どの方法をとらなければなりません。

　さらに、商品売買やアンケート用紙への回答、ホームページ上で懸賞応募を受け付けるなどのように、本人との間で契約を締結することにより個人情報を取得する場合は、利用目的を本人に明示することが求められています。「本人に明示」とは、通知と似ていますが、直接伝えるまではしなくても契約書上に明記する、個人情報を入力するホームページ画面に明示するなど、本人が簡単に認識できるような状態に示しておくことを指します。口頭で個人情報を取得する場合には、この義務は課せられていませんが、あらかじめ利用目的を公表するか、速やかに利用目的を本人に通知または公表しなければなりません。

　なお、利用目的を本人に通知・公表することで以下の事情が生じる場合は、個人情報取得前の公表、あるいは取得後の本人への通知、公表を行っていなくても個人情報保護法違反にはなりません。

① **本人または第三者の生命、身体、財産その他の権利利益を害するおそれがある場合**

　子どもに虐待を行う父親の個人情報を取得し、被害防止を図っている場合など

② **個人情報取扱事業者の権利または正当な利益を害するおそれがあるとき**

　商品開発技術やノウハウなど企業秘密が露呈される可能性がある場合など

③ **国の機関または地方公共団体が法令の定める事務を遂行するために協力する場合に、事務の遂行に支障をきたすおそれがあるとき**

　市役所などが非公開の犯罪捜査で警察から個人情報の提供を要求された場合など

④ **取得の状況から見て利用目的が明らかであると認められるとき**

　商品やサービスの販売等にあたって、提供等に用いるために、顧客の住所や電話番号などの個人情報を取得する場合など

個人データの正確性の確保と消去

　個人情報保護法は、偽りその他不正の手段により個人情報を取得することを禁じていますが、さらに個人データを正確かつ最新の内容に保つとともに、利用する必要がなくなったときは、その個人データを遅滞なく消去するよう努めなければならないとされています。これは、誤った情報を利用して事業活動や第三者提供などを行うことによって、本人が多かれ少なかれ被害を受ける可能性が高いからです。

　なお、保有する個人データについては、一律に、または常に最新の内容とする必要はなく、利用目的に応じて必要な範囲内で最新の内容に保てば足りるとされています。

　個人データの正確性をできるだけ維持するために取るべき措置としては、たとえばホームページ上で個人情報を入力する際には入力内容を確認する画面を1回以上表示する、事業者が保有する個人情報の中に本人が誤りを見つけた場合の変更・訂正の方法を明確にしておく、定期的に内容の再登録、あるいは確認をしてもらう、といったことが考えられます。

■ 個人情報の取扱いのおもな注意点 ……………………………

① 利用目的を特定しなければならない

② 利用目的に沿った項目のみを取得しなければならない

③ 取得に際しては利用目的を通知・公表しなければならない

④ 適正な手段によって取得しなければならない

⑤ 情報の取扱管理者を定めなければならない

⑥ 保管場所や保管方法、利用期限を定めなければならない

3 要配慮個人情報について知っておこう

取得や第三者提供の際には本人の同意が必要である

■ 要配慮個人情報とは

　「要配慮個人情報」とは、人種、信条、社会的身分、病歴、犯罪の経歴、犯罪によって害を被った事実など、本人に対する不当な差別や偏見その他の不利益が生じないようにその取扱いに特に配慮を要するものとして一定の記述等が含まれる個人情報のことです。

　個人情報保護法は、このような要配慮個人情報を保護するために、一定の規律を設けています。ただし、要配慮個人情報に含まれない個人情報については全く配慮をしなくてもよいというわけではなく、一定の配慮が必要になります。これは、要配慮個人情報に含まれない個人情報の場合も、使われ方によっては差別や偏見を生じさせる危険性があるためです。

■ どのようなものが要配慮個人情報にあたるのか

　「要配慮個人情報」には、本人の人種、信条、社会的身分、病歴、犯罪の経歴、犯罪により害を被った事実の他、身体障害・知的障害・精神障害（発達障害を含む）などの心身の機能の障害があることや、本人に対して医師等によって行われた健康診断等の結果、本人を被疑者・被告人として逮捕・捜索・差押え・勾留・公訴の提起その他の刑事事件に関する手続きが行われたことなどが該当します。

　「人種」とは、広く、人種、世系または民族的・種族的出身のことを意味します。人種についての情報は、差別や偏見と結びつきが強い情報ですから、要配慮個人情報となります。たとえば、「アイヌ民族である」「在日韓国人である」というように民族的・種族的な世系に

ついては、「人種」に該当し、要配慮個人情報に該当します。

一方、単純な国籍や、「外国人である」という情報は法的な地位にすぎず、それだけではここでいう「人種」には含まれません。肌の色も、人種を推知させる情報にすぎず、「人種」には含まれません。よって、これらの情報は要配慮個人情報ではありません。

「信条」とは、個人の基本的なものの見方や考え方のことであり、思想と信仰の両方を含みます。たとえば、傾向企業（一定の思想が活動の根幹になっている企業）などでは、職員を採用する際に、政治的権利の行使に関する事項を申告させることがありますが、こうした取得した情報は「要配慮個人情報」として特別な扱いが必要になります。

なお、図書の貸し出しサービスにおいて個人の貸し出し履歴の情報から宗教的な傾向を推測させることもありますが、これはあくまで貸し出しの事実にすぎず、このような情報のみでは要配慮個人情報には該当しません。

「社会的身分」とは、ある個人にその境遇として固着しており、一生の間、自らの力で容易にそれから脱することができないような地位を意味します。たとえば、被差別部落出身者であることや、嫡出子（結婚関係にある男女から生まれた子）でないことなどが社会的身分に該当します。一方、単なる職業的地位や学歴は社会的身分に含まれません。

「病歴」とは、個人が病気に罹患した経歴のことをいいます。特定の個人がHIV感染者である、ガンの既往歴がある、統合失調症を患っている等がこれにあたります。

「犯罪の経歴」とは、過去に有罪判決を受けて刑が確定した事実のことをいいます。いわゆる前科についての情報です。

また、犯罪の加害者の情報だけでなく、被害者の情報（犯罪によって害を被った事実）も要配慮個人情報となります。

要配慮個人情報の取得には制限がある

　要配慮個人情報は極めてデリケートな内容であるため、要配慮個人情報を取得するにあたっては、原則としてあらかじめ本人の同意を得なければならないとされています。

　具体的には、要配慮個人情報を取得しようとする場合、提供情報の項目や利用方法を書面などで明示した上で、本人からの同意を得なければなりません。このようにして本人の同意を得ることができた場合は、その個人情報取扱事業者においては、利用目的の範囲内において、その要配慮個人情報を利用することが可能になります。

　本人の同意を得ずに要配慮個人情報を取得した場合は、その要配慮個人情報は違法に取得した情報ということになり、個人情報取扱事業者はその利用の停止や消去をしなければならないことになります。個人情報取扱事業者が自発的に利用の停止や消去を行わない場合は、個人情報保護委員会から勧告や命令を受けることになります。この命令に従わなかった場合は、6か月以下の懲役または30万円以下の罰金が

■ 要配慮個人情報とは ……………………………………………

人種（国籍のみの情報は含まない）	アイヌ民族・在日韓国人
信条（思想・信仰）	所属する宗教団体・支持政党
社会的身分 （自身身の意思では変えることができない社会的に区別や差別がなされる身分）	被差別部落出身者である・嫡出子ではない
病歴（過去または現在罹う疾患）	ＨＩＶ感染者、ガンの既往歴
犯罪歴（前科の情報）	過去に有罪判決を受け、刑が確定したものの履歴・被害者歴

科されることになります。これは、両罰規定になりますので、実際に違反行為を行った者だけでなく、監督責任のある法人や個人事業主自体も罰則を受けることになります。

　なお、個人情報保護法の改正前に要配慮個人情報にあたるものを取得済みである個人情報取扱事業者については、その情報は違法に取得したものとはいえず、利用することが認められます。

　ただし、要配慮個人情報の取得制限には例外が設けられており、事前に本人の同意を得ていない場合であっても取得が認められる場合があります。

　たとえば、不特定多数が閲覧可能なSNSなどに本人が公開している要配慮個人情報の場合は、自身が公表を許可している情報であると判断され、取得可能です。また、多くの人の目に入る報道によって公表されている要配慮個人情報なども同様です。

　その他にも、法令に基づく場合や、人の生命・身体・財産を保護するために必要であって本人同意を得ることが困難である場合、公衆衛生の向上または児童の健全な育成の推進のために特に必要であって本人の同意を得ることが困難である場合など、一定のケースにおいては、例外的にあらかじめ本人の同意を得ないで要配慮個人情報を取得することが認められています。

▌第三者への提供は原則として本人の同意が必要である

　個人データを外部機関などの第三者へ提供する場合、原則として、あらかじめ提供対象となる本人へその旨を明示した上で、本人から同意を得る必要があります。

　これをオプトアウトによる第三者提供といい、事前にオプトアウトのしくみを取ることで、本人の同意を得ずに第三者への個人データの提供が可能になります（210ページ）。ただし、本人が提供を中止するように申し出た場合は、第三者への提供を取りやめなければなりません。

一方、要配慮個人情報は個人にとって非常にデリケートな内容を含むため、提供されることで何らかの被害を被る可能性があります。

したがって、要配慮個人情報に関してはオプトアウトが認められておらず、本人からの同意を得ずに第三者に要配慮個人情報を提供することが禁止されています。

要配慮個人情報を第三者に提供する場合は、あらかじめ本人に対して、「どのような項目を、いつ、誰に、どのような利用方法のために」提供するのかを明示して、同意を得る必要があります。

なお、第三者への提供についても取得の場合と同じく、法令に基づく場合や、人の生命・身体・財産を保護するために必要な場合、本人や報道機関などによってすでに公開されている場合など、例外が認められます。

■ 要配慮個人情報の取得・第三者提供 ……………………………

● 取得

通常の個人情報	**本人の同意は原則不要** ⇒自由に取得することができる
要配慮個人情報	**本人の同意が原則必要** ★「同意」 ⇒「個人情報を企業に提供すること」についての同意が必要 　極めてデリケートな内容を含む

● 第三者提供

通常の個人情報	「**オプトアウト**」による第三者提供が可能 ⇒本人に対し以下のような事項を明示することが必要 　①第三者に提供すること 　②異議がある場合には第三者提供を停止する
要配慮個人情報	**オプトアウトは認められない** ⇒本人の同意を得ずに第三者提供はできない

匿名加工情報について知っ ておこう

ビックデータの有効利用などのために用いられる

匿名加工情報とは

　「匿名加工情報」とは、特定の個人を識別する（ある一人の情報とわかり、その一人が誰かわかる）ことができないように個人情報を加工して得られる個人に関する情報であって、当該個人情報を復元できないようにしたもののことです。情報に匿名性をもたせる加工を施した情報であるため、保有している個人情報をさまざまな目的で利用をするために用いられます。

　匿名加工情報は、「個人情報」には該当しないため、本人の同意を得ずに第三者に提供することができます。

どのように加工するのか

　匿名加工情報の作成にあたり、匿名性がどの程度になるかについて、あらかじめ検討を加えることが重要です。それでは、どのような匿名性を持たせる加工が考えられるのでしょうか。

　個人情報保護法は、匿名加工情報の定義を「特定の個人を識別することができないように個人情報を加工して得られる個人に関する情報であって、当該個人情報を復元することができないようにしたもの」と定めています。

　このことから、元の個人情報に含まれる個人を特定し得る記述や情報が匿名加工情報から導けない程度に加工しなければなりません。

　通常は、元の個人情報から個人識別符号（21ページ図参照）を削除し、続いて個人を識別できる記述などを削除・置き換えを行い、最後にこれらを復元することができない程度まで匿名加工することになります。

たとえば、ある商品の購入者ごとに「氏名、生年月日、性別、住所、勤め先、運転免許証番号」などが記録されているとします。元の情報から個人識別符号（運転免許証番号）を削除します。続いて、個人を識別できる記述（氏名、生年月日、性別、住所、勤め先）について削除と置き換えを行います（男性・40代・東京都在住・会社員）。最後にこれらを復元することができない程度まで匿名加工（加工後の複数者間データ項目を入れ替える、識別につながる属性を削除する、得られた情報の一部の項目を一定の基準ごとにまとめることなど）します。

　これらはあくまでイメージですが、ここまで加工を行えばネットなどの外部へ活用することができることになります。たとえば、サイト閲覧者へ「ご覧の商品は40代の男性を中心に購入されています」という情報を提供すれば、閲覧者の購買意欲をかきたてることが可能になります。

加工や第三者提供に本人の同意は不要である

　保有する個人情報に匿名加工を行う際には本人の同意を得る必要はありません。目的に合わせて自由に匿名加工を行うことができます。

　さらに、匿名加工情報の第三者への提供時や第三者からの受領時も本人の同意を得る必要はありません。個人情報取扱事業者は自由に第三者提供を行うことが可能で、情報の売買も特に問題にはなりません。

　先ほど、加工の例を説明しましたが、実際に行う方法としては個人情報保護委員会の定める基準に従った加工を行う必要があります。この加工方法は、「いずれの業者においても共通する客観的かつ必要な措置」を基準として個人情報保護委員会で定められる予定です。

　これは、定める際の基準や加工方法を個人情報取扱事業者側に認めると、それらの基準が不足しているなどの理由で後に復元や識別作業が行われて個人情報が漏えいする危険性があるためです。

作成者には公表義務がある

　匿名加工情報を利用するためには、本人の同意を得ることは必要になりません。ただし、匿名加工情報の作成者には、一定の義務が課せられています。まず、個人情報から匿名加工情報を作成した個人情報取扱事業者は、今後利用する匿名加工情報の項目を公表する必要があります。この公表は、個人情報保護委員会の規則に従って行います。たとえば、「行政区画」「生年月日」「商品購入履歴」などといった項目を、個人情報取扱事業者のホームページに載せる方法などが認められています。

　また、個人情報取扱事業者が匿名加工情報を作成した場合には、安全管理に必要な措置や、苦情処理のための措置などを講じて、その内容を公表することが努力義務とされています。

第三者提供者には告知義務などがある

　個人情報取扱事業者が匿名加工情報を第三者に提供する場合にも、一定の義務が課せられています。まず、個人情報取扱事業者が匿名加工情報を第三者に提供する場合には、その提供する情報の項目と提供の方法を公開しなければなりません。提供の方法とは、たとえば、「業務提携による情報提供」である、「一般販売」であるといったことを公開することになります。この公開方法についても、個人情報保護委員会の規則に従って行う必要があります。

　また、情報を提供する相手（第三者）に対しては、その情報が匿名加工情報であることを明示することが求められます。このことを告知義務といいます。

加工が不十分だった場合どうなるのか

　適切な加工がなされているからこそ、第三者への提供時や第三者からの受領時に本人の同意を得る必要が不要となるため、匿名加工情報

の加工が個人情報保護委員会の定める基準に満たない場合には、相応のリスクが生じることになります。

　当然のことながら、個人情報保護委員会の定める基準に満たない情報は、通常の個人情報として取り扱うべき情報となっています。

　つまり、本人の同意を得ることなく、第三者に提供してしまえば、本来は本人に同意を得てから行うべき第三者提供を無断で行ったことになります。

　仮にこの不十分な匿名加工情報を得た第三者が本人に対してダイレクトメールなどを郵送した場合、本人としては情報流出の覚えがないため、不十分な匿名加工情報を第三者提供した個人情報取扱事業者に対して、目的外利用や、同意を得ない第三者提供による利用停止請求などを行うことになりますし、場合によっては損害賠償請求も行われ

■ **匿名加工情報の作成** ･･････････････････････････････････････

個人情報 ↑個人の 特定が可能	→	匿名加工 情報に匿名性を もたせる加工	→	匿名加工情報 ↑第三者提供など の利用が可能

　・個人を識別する情報を削除
　・後から復元・識別ができないように置き換える

当初の個人情報		加工後の匿名加工情報
氏　　　名：甲野一郎 生年月日：昭和46年 　　　　　6月15日 性　　　別：男性 住　　　所：東京都中野区 　　　　　南中野１－２－３ 勤 め 先：株式会社星光商事 運転免許証 　番号：123456789123	匿名加工	氏　　　名：×（削除） 生年月日：40代 性　　　別：男性 住　　　所：東京都在住 勤 め 先：会社員 運転免許証 　番号：×（削除）

るでしょう。

▍漏えいするとどうなるのか

　匿名加工情報は、個人情報から個人を識別する情報を削除したものであり、匿名性を持っているのが特徴です。そのため、たとえ匿名加工情報が漏えいしてしまったとしても、特定の個人に損害が生じるということは通常あり得ません。

　したがって万が一、匿名加工情報が漏えいしたとしても、そのこと自体を罰するような規定は存在していません。そもそも、本人の同意がなくても第三者提供することが認められている情報ですので、当然といえば当然のことでしょう。

　ただし、元の情報に復元されたり、識別作業が行われたりする可能性が、絶対にないとは言い切れません。重要な情報として安全に管理していくことは徹底しなければならないでしょう。

■ 匿名加工情報の第三者提供と義務 ……………………………

匿名加工情報の提供

事業者 ━━━━━━━➤ 第三者

・相手方に匿名加工情報である事を明示
・提供する方法の公表
・提供する情報項目の公表
・安全管理、苦情受付の努力義務

・匿名化に係る識別情報取得禁止
・匿名加工情報の照合行為禁止
・安全管理、苦情受付の努力義務

匿名加工情報取扱事業者等の義務について知っておこう

匿名加工情報の作成や提供等について一定の制限がある

匿名加工情報を作成する個人情報取扱事業者の義務

　特定の個人を識別できないように個人情報を加工して得られる個人に関する情報であって、当該個人情報を復元できないようにしたものを、「匿名加工情報」（192ページ）といいます。この匿名加工情報を含む情報の集合物であって、特定の匿名加工情報をコンピューターを用いて検索できるように体系的に構成したものその他特定の匿名加工情報を容易に検索できるように体系的に構成したもの（匿名加工情報データベース等）を事業のために利用している事業者を「匿名加工情報取扱事業者」といいます。なお、国、地方公共団体、独立行政法人等、地方独立行政法人等は「匿名加工情報取扱事業者」から除かれます。

　個人情報保護法は、匿名加工情報（匿名加工情報データベース等を構成するものに限ります）を作成する個人情報取扱事業者と、匿名加工情報データベース等を事業のために利用している匿名加工情報取扱事業者に対して、以下の義務を負わせています。

・匿名加工情報の適正な加工

　個人情報取扱事業者は、匿名加工情報を作成するときは、特定の個人の識別やその作成に用いる個人情報の復元ができないようにするために必要なものとして個人情報保護委員会規則で定める基準に従い、当該個人情報を適正に加工しなければなりません。

　具体的には、①住所、生年月日など、個人情報に含まれる特定の個人を識別することができる記述等の全部または一部を削除すること（当該全部または一部の記述等を復元することのできる規則性を有しない方法により他の記述等に置き換えることを含みます）、②個人情

報に含まれる個人識別符号の全部を削除すること、③特異な記述等を削除すること、などが必要となります。これらの基準に従った加工が行われていない場合には、その情報は匿名加工情報に該当しないことになります。

・加工方法等に関する情報の安全管理措置

個人情報取扱事業者は、匿名加工情報を作成したときは、加工方法等に関する情報の漏えいを防止するために、安全管理のための措置を講じなければなりません。

・匿名加工情報の作成時の公表

個人情報取扱事業者は、匿名加工情報の作成後、遅滞なく、インターネット等によって、その匿名加工情報に含まれる個人に関する情報の項目を公表しなければなりません。

たとえば、ガイドラインでは「氏名・性別・生年月日・購買履歴」のうち、氏名を削除した上で、生年月日の一般化、購買履歴から特異値などを削除する等加工して、「性別・生年・購買履歴」に関する匿名加工情報として作成した場合には、「性別」「生年」「購買履歴」が公表項目であるとされています。

・匿名加工情報の第三者提供の際の公表等

個人情報取扱事業者は、作成した匿名加工情報を第三者に提供するときは、あらかじめ、インターネット等を利用して、提供する匿名加工情報に含まれる個人に関する情報の項目およびその提供方法を公表するとともに、提供先である第三者に対して、当該情報が匿名加工情報である旨を、電子メールまたは書面等によって明示しなければなりません。公表が必要な事項は、①第三者に提供する匿名加工情報に含まれる個人に関する情報の項目、および②匿名加工情報の提供の方法です。

匿名加工情報をインターネット等で公開する場合も、不特定多数への第三者提供に該当することから、この公表等の義務を履行する必要があることに注意しましょう。

なお、ガイドラインによれば、個人に関する情報の項目および加工方法が同じである匿名加工情報を反復・継続的に第三者へ同じ方法によって提供する場合には、最初に匿名加工情報を第三者提供するときに個人に関する項目を公表する際に、提供期間または継続的な提供を予定している旨を明記するなどによって、継続的に提供されることになる旨を明らかにしておくことで、その後に第三者に提供される匿名加工情報に係る公表については、先の公表によって行われたものと考えられます。

・識別行為の禁止

　個人情報取扱事業者は、匿名加工情報を作成して自らその匿名加工情報を取り扱う際には、その匿名加工情報の作成の元となった個人情報に係る本人を識別する目的で、その匿名加工情報を他の情報と照合してはいけません。ガイドラインによれば、たとえば、自ら作成した匿名加工情報を、当該匿名加工情報の作成の元となった個人情報と照合することが禁止されます。

・匿名加工情報の安全管理措置

　個人情報取扱事業者は、匿名加工情報を作成したときは、当該匿名加工情報の安全管理のために必要かつ適切な措置、当該匿名加工情報の作成その他の取扱いに関する苦情の処理その他の当該匿名加工情報の適正な取扱いを確保するために必要な措置を自ら講じ、かつ、当該措置の内容を公表するよう努めなければならないとされています。

匿名加工情報取扱事業者の義務

　匿名加工情報取扱事業者は、匿名加工情報（自ら個人情報を加工して作成したものを除きます）の取扱い等について、以下の義務を負います。

・第三者提供に関する義務

　匿名加工情報を第三者に提供するときは、匿名加工情報を作成する

個人情報取扱事業者と同様に、あらかじめ、第三者に提供される匿名加工情報に含まれる個人に関する情報の項目およびその提供の方法について公表するとともに、当該第三者に対して、当該提供に係る情報が匿名加工情報である旨を明示しなければなりません。

・**識別行為の禁止**

　匿名加工情報取扱事業者は、他者が作成した匿名加工情報を取り扱うにあたっては、その匿名加工情報の作成に用いられた個人情報に係る本人を識別する目的で、受領した匿名加工情報の加工方法に関する情報を取得してはならず、また、受領した匿名加工情報を、本人を識別するために他の情報と照合してはいけません。ガイドラインによれば、たとえば、自ら作成した匿名加工情報を、当該匿名加工情報の作成の元となった個人情報と照合することが禁止されます。

・**安全管理措置等**

　匿名加工情報取扱事業者は、匿名加工情報の安全管理のために必要かつ適切な措置、匿名加工情報の取扱いに関する苦情の処理その他の匿名加工情報の適正な取扱いを確保するために必要な措置を自ら講じ、かつ、当該措置の内容を公表するよう努めなければなりません。

6 仮名加工情報について知っておこう

匿名加工情報よりも加工が簡単であり企業による利活用が期待される

仮名加工情報とは

「仮名加工情報」とは、個人情報を加工して、他の情報と照合しない限り特定の個人を識別することができないように加工して得られる個人に関する情報です。たとえば、元の個人情報の一部を削除することや、一定の記号で置き換えたりすることによって作成したものが仮名加工情報に該当します。

たとえば、「氏名、生年月日、性別、住所」が記録されている元の情報から仮名加工情報を作成する場合、氏名を規則性のないIDに変更した上で、生年月日や住所の全部または一部を削除する、といった方法が考えられます。

仮名加工情報は、令和4年4月1日施行の改正個人情報保護法によって新たに設けられました。匿名加工情報とよく似ているイメージですが、仮名加工情報は、匿名加工情報とは異なり、原則として「個人情報」に該当するものです。そのため、原則として第三者への提供が禁止されるなど、仮名加工情報には個人情報についての規制が適用されますが、一定の例外があります。

仮名加工情報は、匿名加工情報よりも加工が簡単であるため、企業にとっては利用・活用しやすいものです。

なお、仮名加工情報を作成するときは、一定の基準に従って加工する必要があります。

仮名加工情報取扱事業者等の義務

個人情報保護法は、仮名加工情報取扱事業者（仮名加工情報データ

ベース等を事業に利用している者のうち、国の機関、地方公共団体、独立行政法人等、地方独立行政法人を除いた者のこと）および、仮名加工情報を作成する個人情報取扱事業者が、仮名加工情報を取り扱う場合等における義務を定めています。この義務は、仮名加工情報が個人情報に該当する場合と該当しない場合とで異なっています。

仮名加工情報の作成の元となった個人情報やその仮名加工情報に係る削除情報等を保有しているなどによって、その仮名加工情報が「他の情報と容易に照合することができ、それにより特定の個人を識別することができる」状態にある場合には、その仮名加工情報は「個人情報」に該当します。反対に、その仮名加工情報が「他の情報と容易に照合することができ、それにより特定の個人を識別することができる」状態にない場合には、その仮名加工情報は「個人情報」に該当しません。

仮名加工情報が「個人情報」に該当する場合、通常の個人情報の取扱い等に関する義務とほぼ同様の義務を負いますが、利用目的の変更　漏えい等の報告等、本人からの開示等の請求等についての個人情報保護法の規定は適用されず、これらについては義務を負いません。

■ 仮名加工情報の作成 ···

個人情報		仮名加工		仮名加工情報
↑個人の　特定が可能	→	他の情報と照合しない限り特定の個人を識別できないように加工	→	↑原則として個人情報にあたる

当初の個人情報		当初の個人情報
氏　　名： 甲野一郎 生年月日： 昭和46年 　　　　　6月15日 性　　別： 男性 住　　所： 東京都中野区 　　　　　南中野1-2-3	仮名加工 →	氏　　名： 89jda51tg3ld 生年月日： 昭和46年 　　　　　6月 性　　別： 男性 住　　所： 東京都中野区

7

安全管理措置について知っておこう

個人データが漏えい、滅失または毀損しないように必要かつ適切な措置をとる必要がある

個人データの安全管理措置

　個人情報取扱事業者の重要な義務のひとつとして、「安全管理措置（安全管理のために必要かつ適切な措置）」を講じることが挙げられます。安全管理措置とは、個人データの漏えい、滅失または毀損が生じないようにするための体制を整えることを意味します。

　ガイドラインによれば、安全管理措置については、個人データが漏えい等をした場合に本人が被る権利利益の侵害の大きさを考慮して、個人情報取扱事業者の事業の規模・性質、個人データの取扱状況（取り扱う個人データの性質・量を含む）、個人データを記録した媒体の性質等に起因するリスクに応じて、必要かつ適切な内容としなければならないとされています。

　具体的に講じなければならない措置として、ガイドラインは、「基本方針の策定」「個人データの取扱いに係る規律の整備」「組織的安全管理措置」「人的安全管理措置」「物理的安全管理措置」「技術的安全管理措置」「外的環境の把握」を挙げています。

　なお、従業員の数が100人以下の個人情報取扱事業者のことを「中小規模事業者」といいます（ただし、①事業の用に供する個人情報データベース等を構成する個人情報によって識別される特定の個人の数の合計が過去6か月以内のいずれかの日において5000を超える者、または②委託を受けて個人データを取り扱う者は除きます）。

　中小規模事業者であっても安全管理措置を講じる必要がありますが、ガイドライン上、中小規模事業者は、必ずしも大企業と同等の安全管理措置を講じなければならないわけではなく、円滑にその義務を履行

し得るような手法で足りるものとされています。もっとも、中小規模事業者が、その他の個人情報取扱事業者と同様の手法を採用することは、より望ましい対応であるとされています。

基本方針の策定

個人情報取扱事業者は、個人データの適正な取扱いの確保について組織として取り組むために、基本方針を策定することが重要であるとされています。ガイドラインによると、具体的に定める項目の例として、「事業者の名称」「関係法令・ガイドライン等の遵守」「安全管理措置に関する事項」「質問および苦情処理の窓口」などが考えられるとされています。

個人データの取扱いに係る規律の整備

個人情報取扱事業者は、その取り扱う個人データの漏えい等の防止その他の個人データの安全管理のために、個人データの具体的な取扱いに係る規律を整備しなければなりません。

ガイドラインは、その例として、取得、利用、保存、提供、削除・廃棄等の段階ごとに、取扱方法、責任者・担当者およびその任務等について定める個人データの取扱規程を策定することを挙げています。

組織的安全管理措置

個人情報取扱事業者は、組織的安全管理措置として、以下の措置を講じなければなりません。

① 組織体制の整備

安全管理措置を講ずるための組織体制を整備しなければなりません。具体的には、たとえば、個人データの取扱いに関する責任者の設置および責任を明確化すること、個人データを取り扱う従業者およびその役割を明確化すること、これらの従業者が取り扱う個人データの範囲

を明確化することなどが挙げられます。

② 個人データの取扱いに係る規律に従った運用

　あらかじめ整備された個人データの取扱いに係る規律に従って個人データを取り扱わなければなりません。

　なお、ガイドラインは、整備された個人データの取扱いに係る規律に従った運用の状況を確認するため、利用状況等を記録することも重要であるとしています。

③ 個人データの取扱状況を確認する手段の整備

　個人データの取扱状況を確認するための手段を整備しなければなりません。具体的には、たとえば、個人情報データベース等の種類・名称や個人データの項目、利用目的、アクセス権を有する者などをあらかじめ明確にしておくことなどが考えられます。

④ 漏えい等事案に対応する体制の整備

　漏えい等事案の発生または兆候を把握した場合に適切かつ迅速に対応するための体制を整備しなければなりません。

　なお、ガイドラインは、漏えい等事案が発生した場合、二次被害の防止、類似事案の発生防止等の観点から、事案に応じて、事実関係及

■ 組織的・人的安全管理措置 ……………………………………

組織的安全管理措置
① 安全管理措置を講ずるための組織体制を整備する
② 個人データの取扱いに係る規律に従って個人データを取り扱う
③ 個人データの取扱状況を確認するための手段を整備する
④ 漏えい等事案に適切かつ迅速に対応するための体制を整備する
⑤ 個人データの取扱状況を把握し、安全管理措置の評価、見直し、改善に取り組む

人的安全管理措置
従業者に、個人データの適正な取扱いを周知徹底し、適切な教育を行う

び再発防止策等を早急に公表することが重要であるとしています。

⑤　取扱状況の把握及び安全管理措置の見直し

　個人データの取扱状況を把握し、安全管理措置の評価、見直し及び改善に取り組まなければなりません。たとえば、個人データの取扱状況について、定期的に自ら点検を行うことや、他部署や外部の主体による監査を実施することなどが考えられます。

人的安全管理措置

　従業者（従業員など、直接間接に事業者の指揮監督を受けて事業者の業務に従事している者のこと）に対し、安全管理についての啓発や教育、訓練などを行うことをいいます。ガイドラインによれば、個人情報取扱事業者は、人的安全管理措置として、従業者に、個人データの適正な取扱いを周知徹底するとともに適切な教育を行わなければなりません。具体的には、たとえば、個人データの取扱いに関する留意事項について、従業者に定期的な研修等を行うことや、個人データについての秘密保持に関する事項を就業規則等に盛り込むことなどが考えられます。

　また、個人情報取扱事業者は、従業者に個人データを取り扱わせる際には、個人情報保護法に基づき従業者に対する監督をする必要もあります。

物理的安全管理措置

　個人情報の所在場所への入退室や、保存している物（ファイル、外部記憶装置など）の管理や、情報そのものに対する安全管理をいいます。ガイドラインによれば、個人情報取扱事業者は、物理的安全管理措置として、以下のように、①個人データを取り扱う区域の管理、②機器・電子媒体等の盗難等の防止、③電子媒体等を持ち運ぶ場合の漏えい等の防止、④個人データの削除および機器、電子媒体等の廃棄を講じる必要があります。

① 個人データを取り扱う区域の管理

個人情報データベース等を取り扱うサーバーやメインコンピュータ等の重要な情報システムを管理する区域（「管理区域」といいます）およびその他の個人データを取り扱う事務を実施する区域（「取扱区域」といいます）について、それぞれ適切な管理を行わなければなりません。

② 機器・電子媒体等の盗難等の防止

個人データを取り扱う機器、電子媒体および書類等の盗難または紛失等を防止するために、適切な管理を行わなければなりません。

③ 電子媒体等を持ち運ぶ場合の漏えい等の防止

個人データが記録された電子媒体または書類等を持ち運ぶ場合、容

■ 物理的・技術的安全管理措置 ⋯⋯⋯⋯⋯⋯⋯⋯⋯⋯⋯⋯

物理的安全管理措置

① 個人情報データベース等を取り扱う「管理区域」およびその他の個人データを取り扱う事務を実施する「取扱区域」について、適切な管理を行う

② 個人データを取り扱う機器・電子媒体・書類等の盗難・紛失当を防止するための適切な管理を行う

③ 個人データが記録された電子媒体・書類等を持ち運ぶ場合の安全な方策を講じる

④ 個人データの削除や、個人データが記録された機器・電子媒体の廃棄は、復元不可能な手段によって行う

技術的安全管理措置

① 担当者や取り扱う個人情報データベース等の範囲の限定のため、適切なアクセス制御を行う

② 正当なアクセス権をもつ従業者であることを、識別結果に基づき認証する

③ 外部からの不正アクセス等から保護するしくみを導入・運用する

④ 個人データの漏えい等の防止措置を講じ、適切に運用する

易に個人データが判明しないよう、安全な方策を講じなければなりません。ここでいう「持ち運ぶ」には、個人データを管理区域または取扱区域から外へ移動させること、または当該区域の外から当該区域へ移動させることをいいます。そのため、事業所内の移動等であっても、個人データの紛失・盗難等に留意しなければならないとされています。

④　個人データの削除および機器、電子媒体等の廃棄

個人データを削除し、または個人データが記録された機器、電子媒体等を廃棄する場合には、復元不可能な手段によって行わなければなりません。また、個人データを削除した場合や、個人データが記録された機器、電子媒体等を廃棄した場合には、削除・廃棄した記録を保存することや、それらの作業を委託する場合には、委託先が確実に削除・廃棄したことについて証明書等により確認することが重要であるとされています。

技術的安全管理措置

個人データへのアクセス制御や不正ソフトウェア対策などの技術的な安全管理のことです。ガイドラインによれば、個人情報取扱事業者は、情報システムを使用して個人データを取り扱う場合には、技術的安全管理措置として、以下のように、①アクセス制御、②アクセス者の識別と認証、③外部からの不正アクセス等の防止、④情報システムの使用に伴う漏えい等の防止を講じる必要があります。

①　アクセス制御

担当者および取り扱う個人情報データベース等の範囲を限定するために、適切なアクセス制御を行わなければなりません。具体的には、たとえば、個人情報データベース等を取り扱うことのできる情報システムを限定することや、アクセス権限を有する者に付与する権限の最小化などが挙げられます。

② **アクセス者の識別と認証**

　個人データを取り扱う情報システムを使用する従業者が正当なアクセス権を有している者であることを、識別結果に基づいて認証しなければなりません。具体的には、たとえば、ユーザーIDやパスワード、ICカードによる識別・認証が挙げられます。

③ **外部からの不正アクセス等の防止**

　個人データを取り扱う情報システムを外部からの不正アクセスまたは不正ソフトウェアから保護するしくみを導入して、適切に運用しなければなりません。具体的には、たとえば、情報システムと外部ネットワークとの接続箇所にファイアウォールを設置して不正アクセスを防ぐことなどが挙げられます。

④ **情報システムの使用に伴う漏えい等の防止**

　情報システムの使用に伴う個人データの漏えい等を防止するための措置を講じて、適切に運用しなければなりません。具体的には、たとえば、情報システムのぜい弱性を突いた攻撃への対策を講ずることや、移送する個人データについてパスワードによる保護を行うことなどが挙げられます。

外的環境の把握

　個人情報取扱事業者が外国において個人データを取り扱う場合は、当該外国の個人情報の保護に関する制度等を把握した上で、個人データの安全管理のために必要かつ適切な措置を講じなければなりません。

　「外国において個人データを取り扱う場合」の例としては、個人情報取扱事業者が、外国にある第三者に個人データの取扱いを委託する場合や、外国にある支店・営業所に個人データを取り扱わせる場合などが挙げられます。

8

第三者提供の規制について知っておこう

原則として本人同意を得る必要がある

個人データの第三者提供には原則として本人の同意が必要

　個人情報保護法上、個人情報取扱事業者は、個人データを第三者に提供する際には、原則として、あらかじめ本人の同意を得ずに提供してはならないとされています。あらかじめ第三者に提供することを予定している場合は、その旨を利用目的として特定する必要があります。

　例外的に、本人の同意を得ずに個人データの第三者提供が認められるのは、①法令に基づいて個人データを第三者に提供する場合や、②人の生命・身体・財産などの具体的な権利利益が侵害されるおそれがあり、これを保護するために個人データを第三者に提供することが必要であり、かつ、本人の同意を得ることが困難な場合などです。

オプトアウトによる第三者提供とは

　個人データの第三者への提供にあたって、個人情報保護法で定められている一定の事項をあらかじめ本人に通知し、または本人が容易に知り得る状態しておき、かつ、個人情報保護委員会に届け出た場合には、あらかじめ本人の同意を得ることなく、個人データを第三者に提供することができます（オプトアウトによる第三者提供）。

　個人情報保護委員会に届け出る必要がある一定の事項とは、①個人情報取扱事業者の氏名・名称、住所、法人等の代表者の氏名、②第三者への提供を利用目的とすること、③第三者に提供される個人データの項目、④第三者に提供される個人データの取得方法、⑤第三者への提供方法、⑥本人の求めに応じて第三者への提供を停止すること、⑦本人の停止の求めを受け付ける方法、⑧第三者に提供される個人デー

タの更新の方法、⑨その届出に係る個人データの第三者への提供を開始する予定日、の9つです。

届出を行った事項のうち、第三者に提供される個人データの項目等（③、④、⑤、⑦、⑧）を変更する場合には、変更する内容について、あらかじめ本人に通知し、または本人が容易に知り得る状態にするとともに、個人情報保護委員会に届け出なければなりません。また、①（氏名・名称、住所、法人等の代表者の氏名）の変更があった場合、および個人データの第三者提供をやめた場合は、遅滞なく、本人に通知し、または本人が容易に知り得る状態にするとともに、個人情報保護委員会に届け出る必要があります。

なお、要配慮個人情報（187ページ）については、通常の個人情報と比べてもプライバシー性が高いことなどから、オプトアウトによる第三者提供をすることはできません。また、オプトアウトによって提供を受けた個人データをさらにオプトアウトによって再提供することや、不正取得された個人データをオプトアウトによって第三者に提供することもできません。

▌委託や共同利用などは「第三者」にあたらない

①委託、②事業の承継、③共同利用の場合において個人データを提供することは、形式的には個人データの第三者提供を行っているように見えても、個人データの提供を受ける相手方は、ここでいう「第三者」に該当せず、第三者提供にはあたりません。したがって、あらかじめ本人の同意や第三者提供におけるオプトアウトを行うことなく、個人データを提供することができます。

具体的には、①「委託」については、利用目的の達成に必要な範囲内で、個人データの取扱いに関する業務の全部または一部を委託することに伴って、その個人データが提供される場合をいいます。

②「事業の承継」については、合併や分社化、事業譲渡等によって

事業が承継されることに伴って、その事業に係る個人データが提供される場合をいいます。

　③「共同利用」については、特定の者と共同して利用される個人データをその特定の者に提供する場合をいいます。この場合、ⓐ共同利用をする旨、ⓑ共同利用される個人データの項目、ⓒ共同利用する者の範囲、ⓓ利用目的、ⓔ当該個人データの管理責任者の氏名・名称、住所、法人の場合はその代表者の氏名を、あらかじめ本人に通知し、または本人が容易に知り得る状態にしているときは、提供先は、個人データを当初提供した事業者と一体のものとして取り扱うことが合理的であることから、「第三者」に該当しないことになります。

▍第三者提供をした場合の記録の作成・確認等の義務

　個人情報取扱事業者は、個人データを第三者に提供したときは、原則として、当該個人データを提供した年月日や第三者の氏名・名称などの一定の事項に関する記録を作成する義務を負います。この記録は、作成方法に応じて、個人データの提供を行った日から1年または3年間、保存しなければなりません。

　また、個人情報取扱事業者は、第三者から個人データの提供を受けるに際しては、原則として、①当該第三者の氏名・名称、住所、法人の場合はその代表者の氏名、②当該第三者による当該個人データの取得の経緯について、個人データを提供する第三者から申告を受ける方法などの適切な方法によって、確認をする義務を負います。この確認を行ったときは、当該個人データの提供を受けた年月日や当該確認に係る事項などの一定の事項に関する記録を作成しなければなりません。この記録も、作成方法に応じ、個人データの提供を受けた日から1年または3年間、保存しなければなりません。

9

個人情報保護のためのさまざまな対応

個人データの漏えい等が生じた場合は個人表法保護委員会に報告しなければならない

「個人情報を推進する上での考え方や方針」の策定・公表

個人情報保護について事業者としての姿勢を明確にするために、「個人情報を推進する上での考え方や方針」を策定し、公表するという方法があります。個人情報保護ガイドラインは、消費者等本人との信頼関係を構築し事業活動に対する社会の信頼を確保するために、いわゆる「プライバシーポリシー」や「プライバシーステートメント」等）を策定し、それをホームページへ掲載することまたは店舗の見やすい場所へ掲示すること等によって公表し、あらかじめ、対外的にわかりやすく説明することや、委託の有無、委託する事務の内容を明らかにする等、委託処理の透明化を進めることが重要であるとしています。

保有個人データに関する事項の本人への周知

個人情報取扱事業者は、保有個人データについて、以下の①から⑤までの情報を本人の知り得る状態に置かなければなりません。

① 個人情報取扱事業者の氏名・名称、住所、法人の場合は代表者の氏名

② すべての保有個人データの利用目的（ただし一定の場合を除く）

③ 保有個人データの利用目的の通知の求めまたは開示等の請求に応じる手続、保有個人データの利用目的の通知の求めまたは開示の請求に係る手数料の額（定めた場合に限る）

④ 保有個人データの安全管理のために講じた措置（ただし、本人の知り得る状態に置くことにより当該保有個人データの安全管理に支障を及ぼすおそれがあるものは除く）

個人情報に関する業務を外部委託している場合

　経費節減、作業の早期完了などを目的として、自社の業務の一部を外部委託する（アウトソーシング）企業が増えています。たとえば、適正に取得した個人情報をデータベースの形に加工する（個人情報データベース等にする）業務や、商品の発送業務を外部業者（委託先）に委託する場合、委託先が自社の個人データを保有することになります。

　この場合、利用目的の範囲内で外部委託を行う限り、個人データの第三者提供にあたらないため、個人データの受渡しに関して、本人の同意やオプトアウト手続（190ページ）は必要ありません。

　しかし、委託元である個人情報取扱事業者は、外部委託に際して、委託先が個人データを適正に利用するよう監督する義務（安全管理措置義務）が生じます。このとき、委託元が委託先に出向いて作業を監督するわけにはいかないため、委託先と委託先の間で「個人データを適正に取り扱います」という契約書を取り交わし、不正利用を食い止める手段がとられます。契約書には、定期的に安全管理措置の状況について確認する条項を設けることも必要でしょう。

個人データの漏えい等に対する対応

　個人情報取扱事業者は、その取り扱う個人データの漏えい（外部に流出すること）、滅失（個人データの内容が失われること）、毀損（個人データの内容が意図しない形で変更されることや、内容を保ちつつも利用不能な状態となること）などが生じた場合、または生じるおそれのある事案が発覚した場合には、その内容等に応じて、以下の①から⑤について必要な措置を講じなければなりません。

① 事業者内部における報告および被害の拡大防止

② 事実関係の調査および原因の究明

③ 影響範囲の特定

④　再発防止策の検討および実施

⑤　個人情報保護委員会への報告および本人への通知

　また、個人情報保護事業者は、ⓐ要配慮個人情報が含まれる個人データの漏えい等が発生し、または発生したおそれがある事態、ⓑ不正に利用されることにより財産的被害が生じるおそれがある個人データの漏えい等が発生し、または発生したおそれがある事態、ⓒ不正の目的をもって行われたおそれがある個人データの漏えい等が発生し、または発生したおそれがある事態、ⓓ個人データに係る本人の数が千人を超える漏えい等が発生し、または発生したおそれがある事態、のいずれかの事態を知ったときは、個人情報保護委員会に報告しなければなりません（「報告対象事態」といいます）。

　なお、個人データの取扱いを委託している場合、ガイドラインによれば、委託元と委託先の双方が個人データを取り扱っていることになることから、報告対象事態に該当するときは、原則として委託元と委託先の双方が報告する義務を負うことになります。報告は、委託元及び委託先の連名で行うことができます。また、報告義務を負っている委託元に対して委託先が報告対象事態が発生したことを通知したときは、委託先は報告義務を免除されるとしています。

■ 外部委託における事業者（委託元）の義務 ……………………

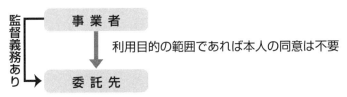

保有個人データの開示の請求

　個人情報取扱事業者は、本人から、その本人が識別される保有個人データ（181ページ）の開示の請求を受けたときは、本人に対し、電磁的記録の提供による方法、書面の交付による方法、その他個人情報取扱事業者の定める方法の中から本人が請求した方法によって、遅滞なく、当該保有個人データを開示する義務を負います。当該保有個人データが存在しないときはその旨を本人に知らせる必要があります。

　ただし、開示することによって、①本人または第三者の生命、身体、財産その他の権利利益を害するおそれがある場合、②個人情報取扱事業者の業務の適正な実施に著しい支障を及ぼすおそれがある場合、③他の法令に違反することになる場合のいずれかに該当するときは、その全部または一部を開示しないことができますが、これにより開示しない旨の決定をしたときまたは請求に係る保有個人データが存在しないときは、遅滞なく、その旨を本人に通知する必要があります。

　なお、本人が請求した方法による開示が困難であるときは、その旨を本人に通知した上で、書面の交付による方法により開示を行わなければなりません。

保有個人データの訂正等の請求

　個人情報取扱事業者は、本人から、その本人が識別される保有個人データに誤りがあり、事実でないという理由によって、内容の訂正、追加または削除（これらをあわせて「訂正等」といいます）の請求を受けた場合は、利用目的の達成に必要な範囲で遅滞なく必要な調査を

行った上で、その結果に基づいて、原則として、訂正等を行う義務を負います。利用目的からみて訂正等が必要ではない場合や、保有個人データが誤りである旨の指摘が正しくない場合には、訂正等を行う必要はありません。ただし、その場合には、遅滞なく、訂正等を行わない旨を本人に通知しなければなりません。

また、個人情報取扱事業者は、訂正等の請求に係る保有個人データの内容の全部もしくは一部について訂正等を行ったとき、または訂正等を行わない旨の決定をしたときは、遅滞なく、その旨（訂正等を行ったときは、その内容を含みます）を本人に通知する義務を負います。

なお、保有個人データの内容の訂正等に関して他の法令の規定によって特別の手続が定められている場合には、その法令の規定が適用されることになります。

保有個人データの利用停止等の請求

個人情報取扱事業者は、以下のいずれかに該当する場合には、保有個人データの利用の停止または消去（これらをあわせて「利用停止等」といいます）、あるいは第三者提供の停止を行わなければなりません。

① 個人情報保護法違反の場合の利用停止等

本人から、その本人が識別される保有個人データが、本人の同意なく目的外利用がされている、不適正な利用が行われている、偽りその他不正の手段により個人情報が取得されたものである、本人の同意なく要配慮個人情報が取得されたものである、という理由によって、利用停止等の請求を受けた場合であって、その請求に理由があることが判明したときは、原則として、遅滞なく、利用停止等を行う必要があります。

② 個人情報保護法違反の場合の第三者提供の停止

本人から、その本人が識別される保有個人データが、本人の同意な

く第三者に提供されているという理由によって、当該保有個人データの第三者提供の停止の請求を受けた場合であって、その請求に理由があることが判明したときは、原則として、遅滞なく、第三者提供の停止を行う必要があります。

③　個人情報保護法の一定の要件を満たす場合の利用停止等または第三者提供の停止

　本人から、ⓐ本人が識別される保有個人データを当該個人情報取扱事業者が利用する必要がなくなったという理由、ⓑ本人が識別される保有個人データに係る漏えい等の事案が生じたという理由、ⓒ本人が識別される保有個人データの取扱いによってその本人の権利または正当な利益が害されるおそれがあるという理由によって、当該保有個人データの利用停止等または第三者提供の停止の請求を受けた場合であって、その請求に理由があることが判明したときは、原則として、遅滞なく、利用停止等または第三者への提供の停止を行わなければなりません。

■ 開示・訂正等、利用停止等の請求 ……………………………………

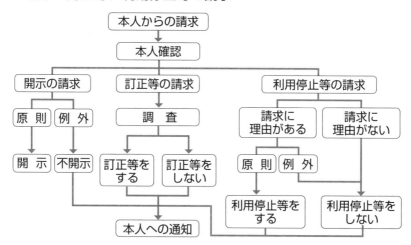

保有個人データの利用目的の通知の請求

　個人情報取扱事業者は、一定の場合を除き、本人から、その本人が識別される保有個人データの利用目的の通知を求められたときは、遅滞なく、本人に通知しなければなりません。通知しない旨を決定したときは、遅滞なく、その旨を本人に通知する必要があります。

理由の説明

　個人情報取扱事業者は、開示等の請求等（保有個人データの利用目的の通知の求め、保有個人データの開示、訂正等、利用停止等もしくは第三者提供の停止、または第三者提供記録の開示の請求のこと）に係る措置の全部または一部について、その措置をとらない旨またはその措置と異なる措置をとる旨を本人に通知する場合は、併せて、本人に対して、その理由を説明するように努めなければならないとされています。

開示等の請求等に応じる手続

　個人情報取扱事業者は、開示等の請求等において、これを受け付ける方法として、以下の①から④までの事項を定めることができます。
① 　開示等の請求等の申出先
② 　開示等の請求等に際して提出すべき書面（電磁的記録を含む）の様式、その他の開示等の請求等の受付方法
③ 　開示等の請求等をする者が本人またはその代理人であることの確認の方法
④ 　保有個人データの利用目的の通知または保有個人データの開示をする際に徴収する手数料の徴収方法
　これらの開示等の請求等を受け付ける方法を定めた場合、本人の知り得る状態（本人の求めに応じて遅滞なく回答する場合を含みます）に置かなければなりません。

回答書

〇〇〇〇殿

貴殿から提出されました開示請求書記載の件につき、下記のとおり（開示する・開示しない）ことと決定いたしましたので、ご通知申し上げます。

【開示の対象】

〇〇〇〇〇〇〇〇〇〇〇〇〇〇〇〇〇〇〇〇〇〇〇〇〇〇〇〇〇〇〇〇〇〇〇〇〇

【謄写の費用】

謄写の費用として金〇〇〇円をお支払い
いただきますようお願い申し上げます。

※〇月〇日までに、当社にあらかじめご連絡の上、お越し下さいますようお願い申し上げます。

【不開示の理由】

〇〇〇〇〇〇〇〇〇〇〇〇〇〇〇〇〇〇〇〇〇〇〇〇〇〇〇〇〇〇〇〇〇〇〇〇〇

令和〇年〇月〇日

株式会社〇〇〇〇
代表取締役　〇〇〇〇
担当者　　　〇〇〇〇

第 7 章

事業者が知っておきたい その他の法律

事業者に求められる情報提供について知っておこう

消費者契約法上は努力義務規定しかない

適切な勧誘行為かどうか

　事業者と消費者が契約をする際、事業者の側から何らかの形で勧誘が行われていることが多くあります。事業者が契約の目的となる商品、役務（サービス）、権利などについて、中途半端な情報提供や説明しか行わない、難解な専門用語を多用して説明などをする、あるかどうかもわからない利点ばかりを教え、不利益な点については教えない、などの行為があると、消費者は内容を正しく理解しないまま契約を締結することになりかねません。この場面では、後で消費者に何らかの損害が発生したときに、「消費者の情報収集力や経験の不足につけこんで、事業者が一方的に利益を得ようとしている」と指摘され、契約の取消しを迫られることがあります。そのような状況に陥らないためには、事業者としては、商品などを説明する際、持っている情報を適切に消費者に提供する必要があるのです。

　具体的には、事業者が消費者契約の条項を定めるときは、その内容が消費者にとって明確で平易なものになるように配慮することに努めなければなりません。また、事業者が消費者契約の締結について勧誘をする場合には、契約内容についての必要な情報を提供するように努めなければなりません。消費者も契約を結ぶ場合には、事業者から提供された情報を活用し、契約内容について理解するように努めなければなりません（消費者契約法3条）。

　ただ、消費者契約法3条で求められているのはあくまで努力であって、この努力を怠ったとしても、直ちに事業者に対して、何らかの法的責任が発生したり、罰則が科されたりするわけではありません。事

業者が情報を提供しなかったからといって、消費者が直ちに契約の取消しができるわけでもありません。その意味では、この条項は消費者の保護という点で十分ではないという問題があります。

金融商品についての説明義務

　預貯金、信託、保険、有価証券、デリバティブといった金融商品の販売は「金融サービスの提供に関する法律」（金融サービス提供法）に基づいて、消費者契約法とは異なる規制がなされています。具体的には、事業者は、金融商品を販売するまでの間に、顧客（消費者）に対して重要事項を説明することが義務付けられ、同時に不確実な事項について断定的判断を提供することなど（断定的判断の提供等）が禁じられています。

　以上に違反して重要事項を説明しなかったり、将来的な見通しが不確実であるのに「値上がり確実」といった断定的判断の提供等を行って消費者を誤認させたりした場合、事業者は、消費者が被った損害を賠償する責任が生じます（金融サービス提供法5条）。これは消費者契約法と比べて事業者の責任を重くしているといえます。

■ 契約の締結にあたって求められる事業者と消費者の努力 ……

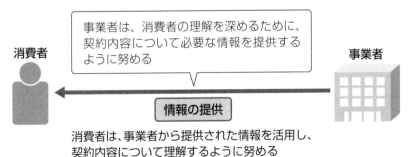

消費者

事業者は、消費者の理解を深めるために、契約内容について必要な情報を提供するように努める

情報の提供

消費者は、事業者から提供された情報を活用し、契約内容について理解するように努める

事業者

2

消費者契約における消費者の保護のためのしくみを知っておこう

契約の取消しが可能となるケースや契約が無効となるケースがある

消費者には一定の場合に消費者契約の取消権が認められる

消費者契約法は、消費者と事業者が締結する契約（消費者契約）において、消費者と事業者との間では持っている情報の量・質や交渉力に格差があることから、立場の弱い消費者の利益を保護するために制定された法律です。同法は、消費者契約に関して、不当な勧誘による契約の取消しや不当な契約条項の無効などを規定しています。

消費者契約法は、消費者に対して、事業者の不当な勧誘により誤認または困惑する等して締結した消費者契約を取り消す権利を認めています。これが消費者契約における消費者の取消権です。

たとえば、①事業者が消費者契約の勧誘をする際に、消費者に対して重要事項について事実と異なることを告げた結果（不実告知）、告げられた内容が事実であると誤認して消費者契約を締結した場合や、②将来どうなるかわからない不確実な事柄について、それが確実であるかのような説明をした結果（断定的判断の提供）、その事実を確定的なものと誤認して消費者契約を締結した場合、③事業者が物品や権利・役務その他の消費者契約の目的となるものの分量・回数・期間がその消費者にとっての通常の分量等を著しく超えることを知りながら、消費者契約の勧誘をして消費者契約を締結した場合（過量契約）などに、消費者は、当該消費者契約を取り消すことができます。

この他に、不利益事実の不告知によって消費者が誤認をして契約締結の意思表示をした場合や（227ページ）、事業者の行為によって消費者が困惑して契約締結の意思表示をした場合（231ページ）も、消費者は消費者契約を取り消すことができます。

消費者が消費者契約の取消権を行使するとどうなるか

消費者契約の申込みやその承諾の意思表示について、消費者による取消権の行使によって取り消されると、申込みや承諾は初めから無効であったものとして扱われます。その結果、当事者には、契約の申込みや承諾の意思表示がなかった状態に戻す、つまり元通りに戻す義務が生じます（原状回復義務）。具体的には、事業者及び消費者は次のような行為をする必要があります。

① 消費者が事業者に支払った商品代金等の金銭があれば、事業者はその商品代金等の金銭を消費者に返還する。

② 消費者が事業者から受け取った商品等の物があれば、消費者はその商品等の物を事業者に返還する。

原状回復義務を履行する際に問題となるのが、目的物を消費者が使用または飲食していた場合です。たとえば、サプリメントの売買契約を取り消した場合、消費者は、手元のサプリメントの返還義務を負うだけでなく、費消した分（食べてしまった分）についても、客観的価値の返還義務（金銭に換算して返還する義務）を負うのが民法上の原則です。しかし、これでは消費者に契約の取消権を認めた意義が失われてしまうため、消費者契約法は、消費者の取消権による原状回復義務の範囲について、現に利益を受けている限度（現存利益）としています。これにより、消費者は、前述の例では手元に残っているサプリメントだけを返還すれば足りることになり、費消してしまった分については返還義務を負いません。

不当な契約条項は無効になる

消費者契約法は、消費者契約の中に消費者の利益を一方的に害する一定の条項が入っている場合、その条項の全部または一部が無効となるとしています。消費者契約法が定めている無効となるおもな条項として、以下のようなものがあります。

・事業者の損害賠償責任の全部を免除する条項や、事業者の故意又は重過失による場合に損害賠償責任の一部を免除する条項

　たとえば、「当社はいかなる場合にも損害賠償責任を負いません」「当社の損害賠償責任は○○円を限度とします」というような条項は無効となります。

・事業者が責任の有無や限度を自ら決定する条項

　「当社は、当社に過失があることを認めた場合に限り、損害賠償責任を負うものとします」というような条項は無効となります。

・消費者の解除権を放棄させる条項や事業者が消費者の解除権の有無を自ら決定する条項

　「お客様は、当社に過失があると当社が認めた場合を除いて、注文のキャンセルはできません」というような条項は無効となります。

・事業者の免責の範囲が不明確な条項

　「当社は、法律上許される限り、○万円を限度として損害賠償責任を負います」というような、軽過失の場合にのみ事業者の免責条項が適用されることを記載していない条項は無効となります。

・成年後見制度を利用すると契約が解除されてしまう条項
・平均的な損害の額を超えるキャンセル料条項
・消費者の利益を一方的に害する条項

■ 消費者による取消権の効果 ……………………………………

消費者契約によって現に利益を受けている限度で返還の義務を負う

→ 消費者に対する商品代金等の返還

→ ・事業者に対する商品等の物の返還
　・一部消費した場合、給付を受けた時に取消しができるのを知らなかったときは、現在残っている分だけを返せばよい

不利益事実の不告知による消費者の取消権について知っておこう

消費者に不利益な事実を伝えずになされた契約は取り消すことができる

不利益事実の不告知とは

　事業者と消費者が締結する契約（消費者契約）においては、事業者の側は、消費者にとって都合のよいことは大々的に伝えるのに対し、消費者にとって不利益になる事実は伝えないということがあります。消費者契約法は、このように事業者が消費者契約の締結の勧誘をする際に、消費者に対して「重要事項または当該重要事項に関連する事項」について消費者の利益となる旨を告げ、かつ、当該重要事項について当該消費者の不利益となる事実（その告知により当該事実が存在しないと消費者が通常考えるべきものに限ります）を故意または重大な過失によって告げなかったことによって、消費者がその事実が存在しないと誤認して消費者契約を締結したときは、原則として、これを取り消すことができるとしています。これを「不利益事実の不告知」による消費者の取消しといいます。

　ただし、後述するように、事業者が消費者に対して不利益な事実を告げようとしたにもかかわらず消費者が拒否したときは、不利益事実の不告知を理由として取り消すことはできません。

取消しの対象となる「重要事項」とは何か

　不利益事実の不告知を理由として消費者契約を取り消すことができるのは、「重要事項または当該重要事項に関連する事項」について消費者の利益となる旨のみを告げて、その重要事項について消費者の不利益となる事実を故意に（わざと）または重大な過失によって告げなかったために、消費者がその不利益となる事実が存在しないと誤認し

て、消費者契約の申込みまたは承諾の意思表示をしたときです。

　「重要事項」とは、物品、権利、役務その他の当該消費者契約の目的となるものの質、用途や対価その他の取引条件などであって、消費者がその消費者契約を締結するかどうかの判断に通常影響を及ぼすべきものをいいます。つまり、契約内容（原材料、大きさ、重量、用途など）または契約条件（価格、支払方法、提供手順など）に関する事項の中で、契約するかどうかという消費者の意思決定を左右するような契約の目的となる事項です。

　なお、「消費者の不利益となる事実」は、事業者の告知によって当該事実が存在しないと消費者が通常考えるべきものに限られます。これは一般的・平均的な消費者を基準に、通常存在しないと認識するものかどうかで判断することになります。

　たとえば、分譲マンションを販売する際、事業者が「日あたりと眺望がよい」という利点を消費者に伝えて契約の勧誘をしたというケースを考えてみましょう。このとき、日あたりがよい分、夏場は室温が非常に高くなるという消費者の不利益となる事実が生じることを事業者がわざと消費者に伝えなかったとすると、消費者は不利益事実の不告知を理由として契約の取消しができるのでしょうか。

　通常は消費者にも上記の不利益は予測可能なので、あらかじめ伝えていたとしても、契約を結ばなかったとはいえません。したがって、当該事実は「重要事項」にはあたらず、これを理由として消費者が取消権を行使することはできないでしょう。

　では、隣地にビルの建設が予定されていて、数年後には一部の部屋の日あたりが悪くなるという、消費者の不利益となる事実を事業者が知っていたのに、あえて消費者に伝えなかった場合はどうでしょうか。

　このとき、消費者が日あたりよりも設備や内装を重視することを契約締結の際に明らかにしていた場合には、日あたりに関する情報は「重要事項」にはあたらないと判断され、消費者の取消権が認められ

ない可能性があります。

　これに対し、消費者が日あたりのよさや眺望のよさに惚れこんで契約を決めており、もし隣地にビルが建ってその利点がなくなるのであれば契約をしなかったというような場合、その情報は「契約を締結するかどうかについての判断に通常影響を及ぼすべきもの」、つまり重要事項にあたるといえるでしょう。

　ただし、消費者の取消権が認められるためには、さらに不告知について事業者の故意（事実を認識していながらわざと行為をしたこと）または重大な過失が必要です。この事例では、事業者が、①消費者の「日あたり・眺望重視」という希望を知っていた、②隣地にビルが建つという事実を消費者が知らないことを認識していた、という場合には、事業者に故意があったと判断され、消費者による取消権の行使が認められるといえます。

　このように、表面上は「隣地にビルが建つ」という同じ情報であっても、重要事項にあたるかどうかは、消費者・事業者の状況によって異なることがあります。

■ 不利益事実の不告知による消費者の取消権 ……………………

①重要事項や重要事項に関連する事項について、消費者の利益となることを告知し、消費者の不利益となる事実を故意・重過失により不告知

②当該事実が存在しないと誤認して消費者契約の申込みまたは承諾の意思表示

③契約の申込みまたは承諾の意思表示の取消し

消費者

事業者

消費者の取消権が認められない場合

　不利益事実の不告知の状況にあっても、消費者の取消権が認められない場合があります。それは、事業者が重要事項にあたる不利益事実を告知しようとしたにもかかわらず、消費者がその告知を拒否した場合です。

　消費者が告知を拒否した理由については、特に限定がありません。そのため、たとえば、不動産業者が「契約の際に重要事項を説明したいので、時間をとってほしい」と申し入れたが、消費者が「多忙なので省略してくれてよい」「聞いてもわからないので説明はいらない」などと言って断ったような場合でも、消費者は事業者による重要事項にあたる不利益事実の告知を拒否したということになります。

　ただし、事業者の方から、「専門的な用語が多いので、説明を断る人も多いですよ」などと消費者が説明を断るように誘導して契約させた場合には、消費者が自ら告知を拒否したとはいえないので、不利益事実の不告知の状況にある限り、消費者には取消権が認められることになります。

■ 消費者が取消権を行使できない場合 …………………………………

4 困惑による消費者の取消権について知っておこう

消費者の困惑を招く強引な勧誘による契約は取り消すことができる

困惑とはどのようなことなのか

消費者契約法は、事業者が消費者契約の締結について勧誘をする際に、消費者に対して、不退去や退去妨害などの一定の行為をしたことによって消費者が困惑し、それによって消費者契約の申込みまたはその承諾の意思表示をしたときは、これを取り消すことができると規定しています（消費者契約法4条3項）。

「困惑」とは、消費者が契約について正常な判断ができないような精神状態に陥っていることを指します。

物理的な方法を用いて困惑させる行為には、以下の①②があります。

① 消費者が事業者に対して、退去するように求めたにもかかわらず、退去しなかった

② 消費者が事業者に対して、退去したいと求めたにもかかわらず、退去させてくれなかった

③ 勧誘をすることを告げずに、退去困難な場所に同行し勧誘した場合

たとえば、出かける時間が迫っているにもかかわらず、自宅の玄関先で「一つだけでも買ってもらわなければ会社に帰れない」などと言って居座られたとき、「必要のない商品だが、とにかく出かけなければいけないし、仕方ないから一つだけでも買おう」と考える人もいるでしょう。このように、本来は必要のない商品であるにもかかわらず、事業者の不退去という行為によって困惑させられ、「購入する」という判断をしたという因果関係が認められれば、消費者の取消権が発生します。なお、令和4年の消費者契約法改正により、取消し可能なケースとして③の類型が追加されました。

また、感情的、精神的に圧力をかけて困惑させる行為としては、以下の④から⑨があります。

④　消費者が契約を締結するかどうかについて外部の者と相談を行うために電話などをしたいと求めたにもかかわらず、威迫する言動を交えて、連絡させてくれなかった

　令和4年の消費者契約法改正により、取消し可能なケースとして④の類型が追加されました。たとえば、家族に相談するために電話をしたいと消費者が告げたにもかわらず、「今すぐ契約してくれないと困る」などと大声を出すなど、消費者が不安を覚えるような言動をして電話をさせないような場合、消費者による取消権の対象となります。

⑤　消費者が社会生活上の経験が乏しいことによって一定の事項に対する願望の実現に過大な不安を抱いていることを知りながら、その不安をあおり、裏付けとなる合理的な根拠や正当な理由もなく、その消費者契約の目的となるものが消費者の願望を実現するために必要である旨を告げることによって、契約に至らしめた

　消費者の進学、就職、結婚、整形などの社会生活上の重要な事項や、容姿、体型などの身体の特徴・状況に関する重要な事項に関して、経験が乏しいために不安を大きく抱いている消費者が事業者からの不確かな情報を鵜呑みにしてますます不安を抱いた結果、契約を結んでしまうという危険があるため、消費者による取消権の対象とされています。

　たとえば、「このセミナーを受けなければ、よい就職先につけません」「このエステを受けなければ、あなたはもっと醜くなってしまいます」などの言葉を用いて消費者の不安をあおって契約を締結させる場合がこれにあたります。

⑥　消費者が、社会生活上の経験不足によって消費者契約の勧誘者に対して恋愛感情や好意を抱き、かつ勧誘者も消費者に抱いていると誤信していることを利用し、契約締結に至らしめた

　若年層へ用いられることの多いのがこの恋愛商法です。事業者が当

初より契約締結を目的として消費者に近づき、あえて恋愛感情を抱かせるような関係を構築した上で契約の締結を要求し、「もし契約してくれなければ、もう会わない」などの言葉を用いて消費者を困惑させる行為がこれにあたります。

⑦　消費者が加齢または心身の故障による判断力の著しい低下によって現在の生活の維持に過大な不安を抱いていることに付け込んでその不安をあおり、契約締結に至らしめた

■ 消費者による取消権の対象となる消費者を困惑させる行為の例

類型	具体例
① 不退去	自宅に押しかけたセールスマンに帰るように求めたにもかかわらず帰らない
② 退去妨害	消費者が営業所において帰りたいことを告げたにもかかわらず帰らせてもらえない
③ 退去困難な場所への同行.	契約の勧誘をすることを告げずに、消費者を帰る手段のない遠方まで連れて行き、勧誘する
④ 相談の連絡妨害	消費者が契約を締結するかどうかを家族などに相談するために電話をしたいと告げたのに、「今すぐ契約してくれないと困る」などと大声を出して電話をさせない
⑤ 消費者の経験不足の利用	「このセミナーに参加しなければ進学・就職できない」などの文言を用いて契約させる
⑥ 恋愛感情に付け込む行為	「この商品を買ってくれなければもう会わない」などの文言を用いて契約させる
⑦ 判断力低下に付け込む行為	高齢者等に対して「この商品を買わないと大変なことになる」などの文言を用いて契約させる
⑧ 霊感商法を用いた行為	「この壺を買わなければ不幸になる」などの文言を用いて契約させる
⑨ 契約締結前の債務の実施	ガソリンスタンドで給油中に勝手に他の部品を交換し、断りにくくしてから契約させる

⑧　霊感商法によって、契約締結に至らしめた

　令和４年の消費者契約法改正によって、霊感商法によって契約締結に至らしめた場合の取消権の対象範囲が拡大されました。事業者が消費者に対し、霊感その他の合理的な実証が困難な特別な能力による知見として、消費者またはその親族の生命、身体、財産その他の重要な事項について、そのままでは現在または将来の重大な不利益を回避できないとの不安をあおったり、そのような不安を抱いていることに乗じたりして、契約を締結することが必要不可欠であると告げた場合、消費者の取消権の対象となります。

⑨　事業者が消費者に対して事前に何らかの物品やサービスを提供して、契約の締結を断りにくくさせた

　たとえば、消費者から問い合わせがあった際に、正式な契約が締結されていないにもかかわらず、商品を加工したり何らかのサービスを提供したりする行為や、商品説明に手間や時間を必要以上にかけるなどして、消費者が契約の締結を行わざるを得ないような状況を意図的に作り出す行為も、消費者を困惑させるものとして、消費者による取消権の対象になります。

■ 事業者の不退去と消費者の取消権 ……………………………

事業者の不退去や退去妨害によって消費者が困惑したために結んでしまった消費者契約は、取り消すことができる

消費者による取消権の行使期間

取消権は追認できる時または消費者契約の締結から一定の期間で時効消滅する

消費者による取消権の行使期間とは

　消費者契約法に基づいて消費者が行使できる、消費者の取消権（224ページ）については、その行使期間が制限されています。

　具体的には、消費者による取消権は、追認をすることができる時から１年間（霊感商法によって契約締結に至らしめた場合は３年間）行わないと、時効によって消滅します。また、取り消すことができる消費者契約を締結した時から５年（霊感商法によって契約締結に至らしめた場合は10年）を経過したときも、同様に時効によって消滅します（消費者契約法７条）。

　一般法である民法が、取消権の期間の制限について、追認をすることができる時から５年間、または行為の時から20年間で時効消滅すると定めていることと比べると、消費者契約法は、取消権の行使期間をかなり短く設定しています。これは、消費者契約においては、契約当事者の一方は事業者であり、事業者の行う取引が反復継続的に行われるため、取引の迅速な処理や取引の安全確保のため、契約関係を早期に安定することが強く要請されるためです。

　ただし、霊感商法による契約締結に対する取消権については、消費者が霊感等による正常な判断を行うことができない状態から抜け出すには時間を要することから、令和４年改正によって、取消権の行使期間が追認をすることができる時から３年、消費者契約の締結の時から10年へと伸長されました。

　消費者による取消しの意思表示が事業者に到達することによって、取消しは有効となります。後日、消費者による取消しの意思表示の有

無について争いが生じないようにするために、内容証明郵便や配達証明郵便を利用して取消権の意思表示を行うのが一般的です。ただし、取消権の行使期間が経過した後は取消権は消滅することから、行使期間の経過後に消費者が取消しの意思表示をしても、その取消しは効力を生じません。

■ 消費者は取り消すことができる消費者契約を追認することもできる

消費者は、取り消すことができる消費者契約を取り消さずに、追認することもできます。

追認とは、取消権者が、自分に取消権があることを知っていながら、あえてその権利を行使しないことを意思表示することをいいます。ただし、追認にはその契約を確実に成立させる効果があるわけですから、追認を行う際には、少なくとも消費者が取消しの原因となるような状況から解放され、正常な判断を行えるようになっていなければなりません。

たとえば、誤認の場合であれば、消費者が誤認をしたことに気づき、かつ、取消権を有することを知った時から、困惑の場合であれば、事業者の行為による困惑から脱し（事業者が消費者の自宅などから退去した時や、消費者が勧誘の場から退去した時など）、かつ、取消権を有することを知った時から追認が可能になります。

■ 消費者による取消権の行使期間 ·······················

民　法	消費者契約法
取消権の行使期間は、 ● 追認できる時から5年 ● 行為（契約の締結）の時から20年	消費者による取消権の行使期間は、 ● 追認できる時から1年 ● 消費者契約の締結の時から5年 ※霊感商法によって消費者契約を締結したときは、追認できる時から3年、消費者契約の締結の時から10年

6 債務不履行責任の免責特約

債務不履行責任の全部を免除する特約は無効とされる

債務不履行責任の全部を免除する特約の効力

　契約を締結した以上、契約に基づく債務は履行されなければなりませんが、実際には、①履行期が来ている債務が履行されない場合（履行遅滞）、②何らかの問題により債務の履行が不可能になった場合（履行不能）、③債務の履行は一応されたが、その一部が不完全である場合（不完全履行）が生じることもあります。これらの債務不履行が生じた場合、消費者は、事業者に対して、債務不履行を理由に損害賠償請求ができます。これを事業者の側から見ると、消費者に対して債務不履行責任としての損害賠償責任を負うことになります。

　しかし、事業者としては、後から問題が発覚した際、債務不履行責任を負うのを避けるため、契約であらかじめ「債務不履行に基づく損害賠償責任の全部を免除する条項」を置くことがあります。このような条項が事業者側にのみ有利なものであることは、一見してわかります。したがって、消費者契約における事業者の債務不履行に基づく損害賠償責任の全部を免除する条項（全部免責条項）を置いても、その条項は無効になります。事業者は、全部免責条項にかかわらず、民法やその他の法律に基づいて債務不履行責任を負うことになります。

債務不履行責任の一部を免除する特約の効力

　債務不履行によって消費者に生じた損害のうち一定額までは賠償に応じるが、それ以上の賠償には応じないとする定めのように、事業者の責任を一部だけ免除する条項（一部免責条項）を消費者と事業者の間で定めた場合には、全部免責条項と異なり、そのすべてが無効にな

るわけではありません。事業者に故意または重過失がある場合に債務不履行に基づく損害賠償責任の一部免除を認める条項や、事業者に重過失でない過失がある場合にのみ当該責任の一部免除を認めることが明確でない条項が無効となります。

　「損害賠償責任を免除する条項が無効になる」という点は、全部免責条項と同じですが、全部免責条項が無条件で無効となるのに対し、一部免除の条項は債務不履行の原因が当該事業者、その代表者またはその使用する者の故意または重過失（重大な過失）によるものだけに限定されている点が異なります。事業者側に故意または重過失がある場合にまで一部免除を認めるのは消費者保護に欠けるというわけです。

　なお、全部免責条項と異なり、一部免責条項は事業者が責任の一端を負うことを認めるものなので、消費者は免除された部分以外の賠償を受けることはできます。

▌無効とされる免責特約

　事業者自身に債務不履行による損害賠償責任の有無を決定する権限を与える条項は無効です。さらに、債務不履行について事業者の故意または重過失がある場合に、事業者自身に損害賠償責任の限度を決定する権限を与える条項も無効です。

■ 債務不履行責任の一部免責規定の例 ……………………………

> 第○条　事業者が民法第415条の規定に基づいて損害賠償の責任を負担する場合には、当該事業者に故意又は重過失があるときを除き、20万円を負担額の上限とする。当該事業者に故意又は重過失がある場合には、生じた損害の全部について賠償する責任を負う。

事業者に故意・重過失がある場合には一部免除条項は認められない

7 不法行為責任の免責特約

不法行為責任の全部を免除する特約は無効

不法行為責任の全部を免除する特約の効力

　消費者契約法は、事業者の債務の履行に際してされた当該事業者の不法行為により消費者に生じた損害について、その賠償責任の全部を免除する条項（全部免責条項）を置いても無効になると規定しています。

　不法行為責任は、不法行為を行った本人に対して責任追及する場合の他に、その者の使用者に対しても責任追及できる使用者責任があります（民法715条）。不法行為責任の全部免責条項を置いても、その条項は消費者契約法により無効となるので、使用者責任の全部免責条項も同様に無効となります。

　ただ、契約条項が無効とされることと、実際に損害賠償を受けることができるかどうかは別の問題です。たとえば、損害を生じさせた行為が実際には事業者に責任がなく、不法行為の要件を満たさない場合は、そもそも事業者に責任があるとはいえないので、消費者は損害賠償を受けられないことになります。

不法行為責任の一部を免除する特約の効力

　消費者と事業者の間では、不法行為による損害賠償責任の全部ではなく、一部を免除する特約を結ぶことがあります。

　たとえば、エステのサービスを受ける契約を解約しようとしたところ、連日脅迫（強迫）され、精神的苦痛により2か月間働けなくなり、総額40万円近い損失を被ったとします。しかし、当初の契約で「事業者の不法行為により生じた損害を賠償する場合、10万円を上限とする」という特約を定めていた場合、10万円しか賠償金を支払ってもら

えないのでしょうか。

　事業者の不法行為による損害賠償責任の一部を免除する条項（一部免責条項）については、当該事業者、その代表者もしくはその使用する者に故意または重過失がある場合に不法行為責任の一部免除を認める条項が無効です。さらに、事業者、その代表者もしくはその使用する者に重過失でない過失がある場合にのみ当該責任の一部免除を認めることが明確でない条項も無効です。全部免責条項と異なり、事業者の側に故意または重過失がない場合に不法行為によって生じた損害の一部を免除する条項は有効といえます。当該責任の一部免責条項が無効となった場合は、不法行為責任や、使用者責任に基づいて生じた通常の損害賠償責任が生じます。

　なお、事業者自身に不法行為による損害賠償責任の有無を決定する権限を与える条項は無効です。事業者自身が責任の有無を決められるならば、責任の全部を免除するのと変わりないからです。さらに、不法行為について事業者の故意または重過失がある場合に、事業者自身に損害賠償責任の限度を決定する権限を与える条項も無効です。

■ 不法行為責任の一部免責条項の例 ……………………………………

第○条　事業者が民法第３編第５章の規定により不法行為に基づく損害賠償の責任を負担する場合には、当該事業者に故意又は重過失があるときを除き、10万円を負担額の上限とする。当該事業者に故意又は重過失がある場合には、生じた損害の全部について賠償する責任を負う。

事業者に故意・重過失がある場合には一部免除は認められない

8 契約不適合責任の免責特約

原則として債務不履行責任の免責特約と同じように考える

契約不適合責任とは

　事業者と消費者が何らかの契約を締結しても、その契約が当初の予定通りに履行されるとは限りません。たとえば、家電量販店で新品の冷蔵庫を購入する場合、消費者としては当然ながらその冷蔵庫が正しく機能することを期待して契約を結びます。ところが実際に届いた冷蔵庫が、電源を入れても電気が通らない、あるいは使い始めてすぐに壊れてしまったなど、当初の期待通りのものではなかったとします。

　この場合、事業者は消費者に新品の冷蔵庫を提供するという契約の義務を正しく果たしていなかったことになります。その際に事業者に課せられるのが、契約不適合責任です。消費者は事業者に対して、契約不適合責任を追及することにより、改めて当初の契約の目的を達成することができます。

契約不適合責任の内容と免責特約

　契約不適合責任は、特に売買契約の目的物の種類・品質・数量・権利に関して契約の内容（趣旨）に適合しないとき（届いた商品が壊れていたり数が足りなかったりした）に、買主（消費者）が売主（事業者）に対して、履行追完請求権、代金減額請求権、損害賠償請求権、契約解除権を行使できるとする制度です（民法562条～564条）。

　損害賠償請求権や契約解除権が債務不履行の規定に基づき行われるので、契約不適合責任は債務不履行責任のひとつと位置付けられています。そのため、免責特約の有効性についても、原則として「債務不履行責任の免責特約」（237ページ）と同様に考えます。つまり、①全

部免責条項、②故意または重過失がある場合の一部免責条項、③重過失でない過失がある場合にのみ一部免責を認めることが明確でない条項を無効とするのを原則とします。

ただし、契約不適合責任の全部または一部を免除するとしているものの、損害賠償以外の方法で一定の責任を負うとの規定が置かれる場合があります。このような補償規定があれば、契約不適合責任の免除を認めても消費者に不利益になりません。

そこで、目的物の種類・品質に契約不適合がある場合の損害賠償責任の全部または一部を免除するという免責条項が無効とならないケースを認めています（消費者契約法８条２項）。つまり、消費者契約が有償契約であって、①事業者が、消費者に対して、履行追完責任（欠陥のない目的物と交換する、欠陥を修理・補修するなど）もしくは代金（報酬）減額責任を負うとする場合、または、②他の事業者（受託者など）が、消費者に対して、損害賠償責任もしくは履行追完責任を負うとする場合には、免責条項が無効となりません。

■ 免責条項が有効とされる場合 ……………………………………

> 第○条　購入した商品の種類又は品質に契約不適合がある場合、当社は損害賠償責任を一切負わない。当該商品の種類又は品質の契約不適合については、同種同等の新品への交換、当該商品の修補又は代金返還のいずれかによって対応するものとする。

> 第○条　購入した商品の種類又は品質に契約不適合がある場合、当社は損害賠償等の責任を一切負わない。ただし、当該契約不適合に対する損害賠償等の責任は、○○社が負うものとする。

このような定めがあれば、契約不適合責任の免責条項が有効となる

9

高額の損害賠償や違約金を定める契約

妥当性のある範囲を超える部分については無効

賠償額や違約金が決められていることがある

消費者契約は本来、事業者と消費者が対等な立場ですべき契約ですから、場合によっては消費者ではなく、事業者が損害を被ることもあります。そこで、消費者による契約の解除に伴って事業者に損害が生じた場合に備え、契約の時点で「キャンセル料」「違約金」などの名目で、損害賠償や違約金の額をあらかじめ決めておくことがあります。このうち損害賠償の額をあらかじめ決めておくことを賠償額の予定といいます。

損害賠償や違約金の額は、当事者の約束であらかじめ決めることができます。そして、定められた額が一方にとって不利な金額であったとしても、それは当事者が納得して定めた額であるため、基本的には裁判所がそれを増減させることはできません。しかし、これを貫いてしまうと法律や契約に詳しくない消費者が過大な額を負担しなければならない事態が生じるおそれがあります。

そこで、消費者契約法9条1項では、消費者の一定の利益を保護することを目的として、消費者契約の解除に伴う損害賠償や違約金の額を定めても、それらを合計額が事業者に生ずべき平均的な損害の額を超える場合には、その超える部分を無効としています。つまり、損害賠償や違約金の額が、解除の事由や時期などの取引の実情などから見て、同種の消費者契約が解除された場合に事業者に生じる平均的損害として妥当性のある範囲であればその条項は有効となりますが、その範囲を超える部分は無効と扱われます。

たとえば、ホテルのキャンセルにおいて、「1か月前までのキャン

セルは利用料の５％、２週間前までは20％、前日までは50％」などのようにキャンセルの時期によってキャンセル料を設定している場合、設定されているキャンセル料の金額がその事由や時期に応じて他の同業者の規定している内容と同等であれば、その条項は平均的な損害を超えないものとしてそのまま有効とされる可能性が高いです。

しかし、「キャンセルの場合、その時期を問わず利用料の80％のキャンセル料を申し受けます」などのように一律の定め方をしていると、平均的な損害を超える部分を含む可能性があり、その「平均的な損害の額を超える」部分は無効となります。

▍遅延賠償の上限額が定められている

消費者の金銭支払債務の履行が遅れた場合の損害賠償や違約金の額をあらかじめ定める場合、年14.6％の利率を超える損害賠償や違約金の額を定めても、その超える部分は無効になり、年14.6％の利率で計算されます（消費者契約法９条２項）。ここで予定される損害賠償や違約金は遅延賠償などと呼ばれます。

■ 損害賠償や違約金の額を定めていた場合 ………………………

原則：実際の損害額がいくらになろうと予定された賠償額や違約金を支払えばよい

⇒消費者契約法９条１項によって、予定された賠償額や違約金の合計額が、事業者に生ずべき平均的な損害の額を超える場合には、その超える部分は無効であると修正されている。

10

消費者の利益を一方的に害する規定

消費者が当然に受けられると認識している利益は原則として守られる

消費者に不利な契約の効力はたくさんある

不適切な契約条項によって消費者に不利益が生じる可能性があるのは、損害賠償に関連することだけではありません。

たとえば、単品の商品を購入する契約であるのに、「消費者側が契約締結後に特別な手続をしなければ、自動的に定期購入契約に切り替わる」という内容の条項は、消費者の利益を一方的に害するものといえます。つまり、消費者側の不作為（特別な行為を行わないこと）を、新たな契約（定期購入）の申込みまたは承諾とみなしていることになるため、単品購入が目的である消費者には大きな負担を負わせていることになります。

この他にも、消費者の利益を害する契約や約款の定めにはさまざまなものがありますが、消費者契約法10条においては、民法や商法などにある任意規定（当事者の合意が優先する規定）と比べて、消費者の権利を制限し、または消費者の義務を加重する消費者契約の条項で、消費者の利益を一方的に害するものは、無効になると規定されています。前述した消費者の不作為を新たな契約の申込みとみなす条項も、同条により無効になります。

たとえば、消費者の契約解除権を剥奪したり、条件を設定する条項は、無効とされる可能性が高くなります。具体的には、「消費者からの契約解除は、いかなる理由があっても認めない」「消費者が商品の欠陥を理由に契約解除をする場合には、事業者の責めに帰すべき事由の存在を証明することを要する」などといった条項がこれにあたります。

このような条項は、消費者が本来持っている契約の履行が遅れたこ

と（履行遅滞）による解除権（民法541条）や、契約の全部または一部が履行できなくなったこと（履行不能）による解除権（民法542条）を一方的に侵害したり、本来消費者が負わなくてもよい事項を証明する責任を消費者に負わせるため、消費者保護の観点から無効とされるのです。消費者庁のホームページでも、消費者契約法の詳細な解説が掲載されていますので、参考にしてみるのがよいでしょう。

判例で消費者契約法10条が問題となったケース

アパートやマンションの賃貸借契約では、あらかじめ契約書に「更新の際に更新料を支払う」といった規定が置かれていることがあります。この更新料条項が消費者の利益を一方的に害するものとして、消費者契約法10条に違反するのではないかが近年訴訟で争われてきました。地方裁判所では無効とする判断が下されたこともあったのですが、最高裁判所は「更新料の金額が高額過ぎるなどの事情がない限り消費者契約法10条違反にはならない」という判断をしています。

■ 無効とされる規定の例 ・・

第○条　本契約の履行について民法で定める債務不履行責任が問題となった場合、甲（消費者）が乙（事業者）に帰責事由がないことを証明する負担を負うものとする。

たとえば、契約解除の場合は債務者の帰責事由が不要なのに、一方的に甲の証明責任を加重しているので無効

11

消費者団体訴訟について知っておこう

消費者被害の発生・拡大を防止するために制度化された

どんな制度なのか

消費者団体訴訟制度とは、適格消費者団体が、消費者への不当行為に対する差止請求権を、消費者に代わり事業者に対して行使することを認める制度です。さらに、特定適格消費者団体には、消費者に生じた被害の回復を求める被害回復請求権を、消費者に代わり事業者などに対して行使することも認められます。消費者団体訴訟制度は消費者契約法をめぐるトラブルだけでなく、特定商取引法や景品表示法、食品表示法をめぐるトラブルも対象に含まれます。したがって、適格消費者団体等は、消費者契約法だけでなく、特定商取引法や景品表示法、食品表示法上の不当行為についても差止請求等を行うことができます。

適格消費者団体・特定適格消費者団体とは

消費者問題に取り組む団体は全国に数多くありますが、事業者に対して差止請求を行うことができる適格消費者団体は、令和5年4月末時点で23団体あります。適格消費者団体だけに差止請求権を認めているのは、差止請求が、本来は自由に行えるはずの事業活動を制限する性質があるからです。

つまり、真に消費者の権利を保護する目的で差止請求をしている団体であるかどうかを国が確認した上で、その団体だけに差止請求権を与えているのです。

さらに、適格消費者団体の中から、一定の要件を満たす団体として内閣総理大臣の認定を受けた団体のことを特定適格消費者団体といい、令和5年4月末時点で4団体あります。特定適格消費者団体は、差止

請求権とともに、被害回復請求権も行使することができます。

▌差止請求の対象と差止請求を行う場合の手続

　差止請求の対象となる不当行為は、事業者が真実でないことを述べて勧誘した場合や、消費者にとって不利益になる事実を伝えずに勧誘した場合などです。また、契約書に事業者の損害賠償責任を全額免除する条項や、消費者を一方的に害する条項など、消費者契約法に反する条項が置かれている場合も、差止請求の対象になります。

　これらの不当行為が明らかとなった場合、適格消費者団体は、事業者に対して、ⓐ不当勧誘行為をやめるように求める（停止・予防）、ⓑ不当条項を規定した契約を締結しないように求める（停止・予防）、ⓒ事業者が作成した従業員向けの勧誘マニュアルなどの廃棄を求める（停止・予防に必要な措置）、といった内容の差止請求をすることができます。

　ただし、当該適格消費者団体や第三者の不正な利益を図ることや、当該請求に係る相手方（事業者）に損害を加えること、つまり請求者に不正目的がある場合には差止請求が認められません。また、他の適格消費者団体と連携協力を図るなどして、差止請求権を適切に行使しなければなりません。さらに、適格消費者団体の従業員などは、差止請求関係業務を行う際に知ることができた消費者の秘密（個人情報など）を漏えいしてはいけません。

　消費者団体訴訟制度を活用して裁判所に差止請求を提起したい場合、基本的には一般の民事訴訟と同様、民事訴訟法の規定に従って訴訟手続きを進めることになりますが、以下のような特別な取扱いも用意されています。

① 書面による事前の請求

　適格消費者団体が、裁判所に対して差止請求に係る訴えを提起する場合、相手方（事業者）に対して、あらかじめ書面によって差止請求

をすることが必要です。そして、書面の到達後1週間が経過して初めて、差止請求に係る訴えを提起することが認められます（消費者契約法41条）。これは紛争の早期解決を目的とした訴えの提起前の手続きです。

② **不当行為が行われた地で訴えることができる**

　民事訴訟のルールでは、訴訟を担当する裁判所、つまり原告が訴えを提起する裁判所は、被告となる事業者の本店（本社）所在地を管轄する裁判所などです。被告はある日突然訴えられる可能性があるにもかかわらず、住居から遠いところの裁判所まで行かなければならないとすると、被告にとって多大な負担となるからです。

　しかし、消費者団体訴訟制度による差止請求に係る訴訟の場合には、事業者の行為（不当行為）があった地を管轄する裁判所に提起してもよいことになっています（消費者契約法43条）。差止請求に係る訴訟の被告となる事業者の中には、本店所在地をあちこちに移して、訴訟から逃れようとしていることがあるため、不当行為が行われた場所でも訴えを提起できるようにしたのです。

■ 消費者団体訴訟のしくみ ……………………………………………

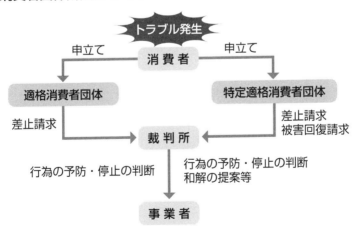

消費者団体訴訟の問題点の改善

　消費者団体訴訟においては被害回復請求が認められています（請求権者は特定適格消費者団体に限ります）。悪質な事業者の活動に対する被害には、不当請求によって支払った金銭だけでなく、それに伴う精神的苦痛も生じ得るため、令和4年（2022年）に消費者裁判手続特例法が改正され、令和5年（2023年）中に被害回復請求の対象となる損害に財産的損害に併せて慰謝料（精神的損害）が追加されることになりました。

　また、従来は被害回復請求の相手方は事業者のみでしたが、悪質商法に関与した一定の個人（悪質商法関係者）も相手方に追加されました。さらに、消費者団体訴訟を行う特定適格消費者団体が、訴訟手続きの初期段階から、事業者などとの間で解決金支払の合意を含めた和解交渉を行えるようになりました。これにより今までより早期に紛争解決へと至ることが期待されています。

■ 訴え提起前の書面による事前請求 ……………………………

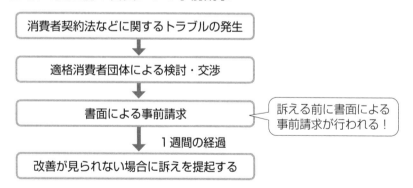

割賦販売法とはどんな法律なのか

規制対象となる取引の概要をおさえておく

割賦販売法の規制対象となる取引とおもな規制内容

　割賦販売法は、クレジットカードやローン等によって商品を購入したりサービスを利用した際の、商品代金やサービス代金の分割払い・延べ払いに関するトラブルを防止・解決することを目的とする法律です。

　割賦販売法の規制対象となる取引は、①割賦販売、②ローン提携販売、③包括信用購入あっせん、④個別信用購入あっせん、⑤前払式特定取引の5つです。割賦払いによる取引は、商品の引渡しやサービスの提供を先に受ける（後払い）場合が多いのですが、⑤は前払いです。また、①にも前払いを採用する前払式割賦販売という態様の取引があります。

割賦販売法が規制する販売形態

　割賦販売法の規制対象となる取引の概要は以下のとおりです。

①　割賦販売

　割賦販売とは、商品やサービスなどの代金・対価を2か月以上の期間にわたり、かつ3回以上に分割して支払うことを約束して行う販売形態です。代金が後払いのものと前払いのものがあります。

　割賦販売は購入者と販売業者（またはサービス提供業者）との間の二当事者間の取引です。売主と買主の間で直接割賦払いの契約を結ぶために「自社割賦」と呼ばれることもあります。

　割賦販売法は、割賦販売業者に対し、商品やサービスの割賦販売価格・割賦提供価格や、支払期間・支払回数、割賦販売の手数料の料率などの割賦販売条件を相手方へ表示することや、これらの内容を記載

した書面を交付することなどを義務付けています。

② ローン提携販売

ローン定型販売とは、消費者が商品代金等に充てるための金銭を金融機関から借り入れて、2か月以上の期間にわたり、かつ3回以上に分割して（リボルビングを含みます）、金融機関に返済することを条件に、売主である販売業者等が保証して行う販売形態です。金融機関と販売会社との間で保証契約が結ばれ、販売業者等が消費者の保証人とることから、消費者のローン返済が滞った場合、販売業者等は、金融機関に対して保証債務を履行しなければなりません。

割賦販売法は、ローン提携販売業者に対し、ローン提携販売に係る借入金の返還の期間・変換回数や利息その他の手数料の料率などを相手方へ表示することや、これらの内容を記載した書面を交付することなどを義務付けています。

③ 包括信用購入あっせん

買主が商品やサービスなどの代金を支払う際に、売主と買主との間に介在して代金支払いの取扱いを代行することを信用購入あっせんといいます。

よく利用される例として、消費者がクレジットカードを利用して商品を購入し、その代金を信販会社が立て替えるケースがあります。このようにクレジットカードを利用し、限度額の中で包括的に与信（買主に信用を与えて代金の支払時期を商品の引渡時期などより遅らせること）をするタイプを包括信用購入あっせん（包括クレジット）といいます。

信用購入あっせんは、第三者が用意した金銭を売主に支払う点で、前述したローン提携販売と同じですが、ローン提携販売のように売主が保証人になることはありません。信用購入あっせんでは、売主は与信をせず、商品などの売買契約の締結だけを行い、信販会社が買主に対して与信を行います。

④　個別信用購入あっせん

　包括信用購入あっせんと異なり、クレジットカードを利用せず、商品などの売買契約が締結されるたびに（個別に）、信販会社がその買主に対して与信を行うものを個別信用購入あっせん（個別クレジット）といいます。

　割賦販売法上、個別信用購入あっせん業者（信販会社）および個別信用購入あっせん関係販売業者（販売店）は、相手方に対し、その商品等の現金販売価格や支払総額、個別クレジットにかかる商品等の代金の支払の期間・支払回数、手数料の料率などの一定の事項を表示しなければなりません。その他にも、割賦販売法上は、契約締結時における一定の事項を記載した書面を購入者に交付する義務や、契約の解除の制限や不実告知等による取消し、クーリング・オフ制度などを定めています。

⑤　前払式特定取引

　経済産業大臣の許可を受けた特定の事業者に対し、会費などの名目で代金を支払うことにより、特定の物品やサービスの提供を受けると

■ 割賦販売法が規制する取引 ……………………………………………

取　引	対　象	支払条件
①割賦販売	指定商品・指定権利・指定役務に限定	２か月以上にわたり、かつ３回以上に分割して支払うもの
②ローン提携販売	指定商品・指定権利・指定役務に限定	２か月以上にわたり、かつ３回以上に分割して支払うもの
③包括信用購入あっせん	商品・役務・権利のすべて	２か月超にわたるものであれば１回払い・２回払いも対象
④個別信用購入あっせん	商品と役務のすべてと指定権利	２か月超にわたるものであれば１回払い・２回払いも対象
⑤前払式特定取引	商品と政令で定める役務	２か月以上にわたり、かつ３回以上に分割して支払うもの

※法定の適用除外事由に該当する取引は割賦販売法の規制対象とならない（8条、35条の3の60）

いう取引を前払式特定取引といいます。

　代表的な例として、百貨店やスーパーの友の会などに入会して月々の会費を支払うと、一定期間後に商品券などが提供されるという取引があります。その他にも、冠婚葬祭互助会に入会して月々の会費を支払うと、その一部が積み立てられ、結婚式や葬儀の必要が生じたときに、積立金を利用して割安で式を挙行することができるという取引も前払式特定取引にあたります。

▌指定制度

　割賦払いで商品などを購入すれば、常に割賦販売法が適用されるわけではありません。割賦販売とローン提携販売は、指定商品・指定権利・指定役務（サービス）の取引である場合に限り、割賦販売法の適用対象となります。

　一方、包括信用購入あっせんは、原則としてすべての商品・権利・サービスが適用対象となります。個別信用購入あっせんは、権利は指定権利のみが適用対象となりますが、商品とサービスは原則としてすべての商品・サービスが適用対象となります。前払式特定取引は、すべての商品と指定役務に適用対象が限定されます。

金融サービス提供法（金融サービスの提供に関する法律）

　金融サービス提供法は、金融商品取引法と同様に、顧客（投資家）の保護を目的とした法律です。

　金融商品販売業者が、金融商品の販売前に、顧客に対して重要事項の説明を行うことを義務付けています。預貯金、保険、有価証券、抵当証券、商品ファンド、不動産ファンド、金融先物取引、オプション取引、暗号資産（仮想通貨）など、ほぼすべての金融商品を規制対象としています。なお、顧客が重要事項の説明は不要であるとの意思を表明したときは、原則として、説明が不要となります。

　顧客に説明すべきおもな重要事項としては、市場リスク（金利や有価証券市場における相場などの変動によって損失が生じるおそれがあること）、信用リスク（金融商品販売業者の業務や財産状況の変化を原因として元本割れが生じるリスク）、権利行使期間の制限（文字通り権利を行使できる期間が限られていること）などがあります。

　金融商品販売業者は、重要事項の説明を行わなかった場合には、これによって顧客に生じた損害を賠償する責任を負います。また、顧客の損害額については、元本欠損額をその損害額と推定するとしています。元本欠損額とは、顧客が金融商品を購入する際に支払った金額よりも、受け取った金額が少ない場合における両者の差額です。通常、民法における不法行為（民法709条）を理由として損害賠償請求をする場合には、被害者の側が、損害額や損害との因果関係などを立証する必要があります。そのため、民法の原則によれば、被害者である顧客にとって大きな負担となってしまいます。そこで、金融サービス提供法は、民法の特則として、被害者である顧客は、金融商品販売業者から販売前に重要事項の説明を受けなかったことと、元本欠損額を立証すれば、具体的な損害額や金融商品販売業者による説明義務違反との因果関係を立証しなくても、損害賠償請求が認められるとしているのです。

【監修者紹介】

森 公任（もり こうにん）

昭和26年新潟県出身。中央大学法学部卒業。1980年弁護士登録（東京弁護士会）。1982年森法律事務所設立。おもな著作（監修書）に、『公正証書のしくみと実践書式集』『著作権の法律問題とトラブル解決法』『インターネットの法律とトラブル対策』『入門図解 親子の法律問題【離婚・親子関係・いじめ・事故・虐待】解決の知識』『三訂版 仮差押・仮処分の法律と手続き』『図解で早わかり 裁判・訴訟の基本と手続き』など（小社刊）がある。

森元 みのり（もりもと みのり）

弁護士。2003年東京大学法学部卒業。2006年弁護士登録（東京弁護士会）。同年森法律事務所 入所。おもな著作（監修書）に、『公正証書のしくみと実践書式集』『著作権の法律問題とトラブル解決法』『インターネットの法律とトラブル対策』『入門図解 親子の法律問題【離婚・親子関係・いじめ・事故・虐待】解決の知識』『三訂版 仮差押・仮処分の法律と手続き』『図解で早わかり 裁判・訴訟の基本と手続き』など（小社刊）がある。

森法律事務所
家事事件、不動産事件等が中心業務。
〒104-0033 東京都中央区新川2−15−3 森第二ビル
電話 03-3553-5916 http：//www.mori-law-office.com

事業者必携 最新 特定商取引法・景品表示法・個人情報保護法の法律入門

2023年9月30日 第1刷発行

監修者	森公任 森元みのり
発行者	前田俊秀
発行所	株式会社三修社
	〒150-0001 東京都渋谷区神宮前2-2-22
	TEL 03-3405-4511 FAX 03-3405-4522
	振替 00190-9-72758
	https://www.sanshusha.co.jp
	編集担当 北村英治
印刷所	萩原印刷株式会社
製本所	牧製本印刷株式会社

©2023 K. Mori & M. Morimoto Printed in Japan
ISBN978-4-384-04921-3 C2032

JCOPY 〈出版者著作権管理機構 委託出版物〉

本書の無断複製は著作権法上での例外を除き禁じられています。複製される場合は、そのつど事前に、出版者著作権管理機構（電話 03-5244-5088 FAX 03-5244-5089 e-mail: info@jcopy.or.jp）の許諾を得てください。